TRANZLATY

Sprache ist für alle da

언어는 모든 사람을 위한 것입니다

Das Kommunistische Manifest

공산당 선언

Karl Marx
&
Friedrich Engels

Deutsch / 한국어

Einleitung
소개

Ein Gespenst geht um in Europa – das Gespenst des Kommunismus

공산주의의 유령이 유럽을 떠돌고 있다

Alle Mächte des alten Europa sind eine heilige Allianz eingegangen, um dieses Gespenst auszutreiben

옛 유럽의 모든 강대국은 이 유령을 쫓아내기 위해 신성한 동맹을 맺었습니다

Papst und Zaren, Metternich und Guizot, französische Radikale und deutsche Polizeispione

교황과 황제, 메테르니히와 귀조, 프랑스 급진파와 독일 경찰 스파이

Wo ist die Oppositionspartei, die von ihren Gegnern an der Macht nicht als kommunistisch verschrien wurde?

야당이 집권 반대파로부터 공산주의자라고 비난받지 않은 정당이 어디 있겠는가?

Wo ist die Opposition, die nicht den Brandvorwurf des Kommunismus gegen die fortgeschritteneren Oppositionsparteien zurückgeschleudert hat?

공산주의라는 낙인찍힌 비난을 더 선진적인 야당에 쏟아붓지 않은 야당이 어디 있겠는가?

Und wo ist die Partei, die den Vorwurf nicht gegen ihre reaktionären Gegner erhoben hat?

그리고 반동적인 적대자들에 대한 비난을 하지 않은 당이 어디 있겠는가?

Aus dieser Tatsache ergeben sich zweierlei

이 사실에서 두 가지 결과가 발생합니다

I. Der Kommunismus wird bereits von allen europäischen Mächten als eine Macht anerkannt

I. 공산주의는 이미 유럽의 모든 강대국들에 의해 그 자체로 강대국으로 인정되고 있다

II. Es ist höchste Zeit, dass die Kommunisten ihre Ansichten, Ziele und Tendenzen offen vor der ganzen Welt offenlegen

II. 공산주의자들이 전 세계 앞에서 그들의 견해와 목표와 경향을 공개적으로 발표해야 할 때이다

sie müssen diesem Kindermärchen vom Gespenst des Kommunismus mit einem Manifest der Partei selbst begegnen

그들은 공산주의의 망령에 대한 이 동화를 당 자체의 선언으로 만나야 한다

Zu diesem Zweck haben sich Kommunisten verschiedener Nationalitäten in London versammelt und folgendes Manifest entworfen

이를 위해 다양한 국적의 공산주의자들이 런던에 모여 다음과 같은 선언문을 작성했다

Dieses Manifest wird in deutscher, englischer, französischer, italienischer, flämischer und dänischer Sprache veröffentlicht

이 선언문은 영어, 프랑스어, 독일어, 이탈리아어, 플랑드르어 및 덴마크어로 출판되어야 합니다

Und jetzt soll es in allen Sprachen veröffentlicht werden, die Tranzlaty anbietet

그리고 이제 Tranzlaty가 제공하는 모든 언어로 출판될 예정입니다

Bourgeois und Proletarier

부르주아지와 프롤레타리아

Die Geschichte aller bisherigen Gesellschaften ist die Geschichte der Klassenkämpfe

지금까지 존재하는 모든 사회의 역사는 계급투쟁의 역사이다

Freier und Sklave, Patrizier und Plebejer, Herr und Leibeigener, Zunftmeister und Geselle

자유인과 노예, 귀족과 평민, 영주와 농노, 길드 마스터와 숙련공

mit einem Wort, Unterdrücker und Unterdrückte

한마디로 압제자와 피억압자입니다

Diese sozialen Klassen standen in ständiger Opposition zueinander

이 사회 계급들은 끊임없이 서로 대립하고 있었다

Sie führten einen ununterbrochenen Kampf. Jetzt versteckt, jetzt offen

그들은 쉬지 않고 싸움을 계속했다. 이제 숨겨져 있습니다.

Ein Kampf, der entweder in einer revolutionären Rekonstitution der Gesellschaft als Ganzes endete

이 싸움은 사회 전반의 혁명적 재구성으로 끝났다

oder ein Kampf, der im gemeinsamen Ruin der streitenden Klassen endete

또는 다투는 계급들의 공통된 파멸로 끝난 싸움

Blicken wir zurück auf die früheren Epochen der Geschichte

역사의 초기 시대를 되돌아 보자

Wir finden fast überall eine komplizierte Einteilung der Gesellschaft in verschiedene Ordnungen

우리는 거의 모든 곳에서 사회가 다양한 계층으로 복잡하게 배열되어 있는 것을 발견한다

Es gab schon immer eine mannigfaltige Abstufung des sozialen Ranges

사회적 지위에는 항상 다양한 등급이 있었다

Im alten Rom gibt es Patrizier, Ritter, Plebejer, Sklaven

고대 로마에는 귀족, 기사, 평민, 노예가 있습니다

im Mittelalter: Feudalherren, Vasallen, Zunftmeister, Gesellen, Lehrlinge, Leibeigene

중세 시대 : 봉건 영주, 봉신, 길드 마스터, 숙련공, 견습생, 농노

In fast allen diesen Klassen sind wiederum untergeordnete Abstufungen

거의 모든 수업에서 다시 하위 등급입니다

Die moderne Bourgeoisie Gesellschaft ist aus den Trümmern der feudalen Gesellschaft hervorgegangen

현대 부르주아 사회는 봉건 사회의 폐허에서 싹을 틔웠다

Aber diese neue Gesellschaftsordnung hat die Klassengegensätze nicht beseitigt

그러나 이 새로운 사회 질서는 계급 적대감을 없애지 못했다

Sie hat nur neue Klassen und neue Unterdrückungsbedingungen geschaffen

그것은 단지 새로운 계급과 새로운 억압의 조건들을 확립했을 뿐이다

Sie hat neue Formen des Kampfes an die Stelle der alten gesetzt

그것은 낡은 투쟁 대신에 새로운 형태의 투쟁을 확립했다

Die Epoche, in der wir uns befinden, weist jedoch eine Besonderheit auf

그러나 우리가 살고 있는 이 시대에는 한 가지 뚜렷한 특징이 있습니다

die Epoche der Bourgeoisie hat die Klassengegensätze vereinfacht

부르주아지의 시대는 계급적 적대를 단순화시켰다

Die Gesellschaft als Ganzes spaltet sich mehr und mehr in zwei große feindliche Lager

사회 전체는 점점 더 두 개의 거대한 적대적인 진영으로 분열되고 있다

zwei große soziale Klassen, die sich direkt gegenüberstehen: Bourgeoisie und Proletariat

서로 직접 대면하는 두 개의 거대한 사회 계급: 부르주아지와
프롤레타리아트

**Aus den Leibeigenen des Mittelalters gingen die Bürger der
ersten Städte hervor**

중세의 농노들로부터 가장 초기의 도시들의 전세 된 부르거들이
솟아났다

**Aus diesen Bürgern entwickelten sich die ersten Elemente
der Bourgeoisie**

이 버제스로부터 부르주아지의 첫 번째 요소들이 개발되었다

Die Entdeckung Amerikas und die Umrundung des Kaps

아메리카 대륙의 발견과 케이프의 일주

**diese Ereignisse eröffneten der aufstrebenden Bourgeoisie
neues Terrain**

이 사건들은 떠오르는 부르주아지에게 새로운 지평을 열었다

**Die ostindischen und chinesischen Märkte, die
Kolonisierung Amerikas, der Handel mit den Kolonien**

동인도와 중국 시장, 아메리카 대륙의 식민지화, 식민지와의
무역

die Vermehrung der Tauschmittel und der Waren überhaupt

교환 수단과 상품의 증가

**Diese Ereignisse gaben dem Handel, der Schiffahrt und der
Industrie einen nie gekannten Impuls**

이러한 사건들은 상업, 항해 및 산업에 이전에는 결코 알려지지
않았던 자극을 주었다

**Sie gab dem revolutionären Element in der wankenden
feudalen Gesellschaft eine rasche Entwicklung**

그것은 비틀거리는 봉건 사회에서 혁명적 요소를 급속히
발전시켰다

**Geschlossene Zünfte hatten das feudale System der
industriellen Produktion monopolisiert**

폐쇄된 길드가 봉건적 산업 생산 체제를 독점하고 있었다

Doch das reichte den wachsenden Bedürfnissen der neuen Märkte nicht mehr aus

그러나 이것은 더 이상 새로운 시장의 증가하는 수요를 충족시키기에 충분하지 않았다

Das Manufaktursystem trat an die Stelle des feudalen Systems der Industrie

제조업 체제는 봉건적 산업 체제를 대신했다

Die Zunftmeister wurden vom produzierenden Bürgertum auf die Seite gedrängt

길드 마스터들은 제조업 중산층에 의해 한쪽으로 밀려났다

Die Arbeitsteilung zwischen den verschiedenen korporativen Innungen verschwand

서로 다른 기업 길드 간의 분업이 사라졌습니다

Die Arbeitsteilung durchdrang jede einzelne Werkstatt

분업은 각 작업장에 침투했다

In der Zwischenzeit wuchsen die Märkte immer weiter und die Nachfrage stieg immer weiter

그러는 동안 시장은 계속 성장했고 수요는 계속 증가했습니다

Selbst Fabriken reichten nicht mehr aus, um den Anforderungen gerecht zu werden

공장조차도 더 이상 수요를 충족시키기에 충분하지 않았습니다

Daraufhin revolutionierten Dampf und Maschinen die industrielle Produktion

그 후 증기와 기계는 산업 생산에 혁명을 일으켰습니다

An die Stelle der Manufaktur trat der Riese, die moderne Industrie

제조의 장소는 거인, 현대 산업이 차지했습니다

An die Stelle des industriellen Mittelstandes traten industrielle Millionäre

산업 중산층의 자리는 산업 백만장자들이 차지했다

an die Stelle der Führer ganzer Industriearmeen trat die moderne Bourgeoisie

전체 산업 군대의 지도자들의 자리는 현대 부르주아지가
차지했다

**die Entdeckung Amerikas ebnete der modernen Industrie
den Weg zur Etablierung des Weltmarktes**
아메리카 대륙의 발견은 현대 산업이 세계 시장을 형성할 수
있는 길을 열었습니다

**Dieser Markt gab dem Handel, der Schifffahrt und der
Kommunikation auf dem Landweg eine ungeheure
Entwicklung**
이 시장은 육로를 통한 상업, 항해 및 통신에 엄청난 발전을
가져왔습니다

**Diese Entwicklung hat seinerzeit auf die Ausdehnung der
Industrie reagiert**
이 발전은 그 시간에 산업의 확장에 반응했습니다

**Sie reagierte in dem Maße, wie sich die Industrie
ausbreitete, und wie sich Handel, Schiffahrt und Eisenbahn
ausdehnten**
그것은 산업이 확장되는 방식과 상업, 항해 및 철도가 확장되는
방식에 비례하여 반응했습니다

**in demselben Maße, in dem sich die Bourgeoisie
entwickelte, vermehrte sie ihr Kapital**
부르주아지가 발전한 것과 같은 비율로, 그들은 자본을 늘렸다

**und das Bourgeoisie drängte jede aus dem Mittelalter
überlieferte Klasse in den Hintergrund**
그리고 부르주아 계급은 중세로부터 전해 내려온 모든 계급을
뒷전으로 밀어냈다

**daher ist die moderne Bourgeoisie selbst das Produkt eines
langen Entwicklungsganges**
그러므로 현대 부르주아지는 그 자체로 오랜 발전 과정의
산물이다

**Wir sehen, dass es sich um eine Reihe von Revolutionen in
der Produktions- und Tauschweise handelt**

우리는 그것이 생산양식과 교환양식의 일련의 혁명임을 본다

Jeder Schritt der Bourgeoisie Entwicklung ging mit einem entsprechenden politischen Fortschritt einher

부르주아지의 발전적 단계마다 그에 상응하는 정치적 전진이 수반되었다

Eine unterdrückte Klasse unter der Herrschaft des feudalen Adels

봉건 귀족의 지배 아래 있는 억압받는 계급

ein bewaffneter und selbstverwalteter Verein in der mittelalterlichen Kommune

중세 코뮌의 무장 및 자치 협회

hier eine unabhängige Stadtrepublik (wie in Italien und Deutschland)

여기에는 이탈리아와 독일에서와 같이 독립 도시 공화국이 있습니다

dort ein steuerpflichtiger "dritter Stand" der Monarchie (wie in Frankreich)

거기에, 군주국의 과세 가능한 "제 3 신분"(프랑스에서와 같이)

Danach, in der Zeit der eigentlichen Herstellung

그 후, 적절한 제조 기간

die Bourgeoisie diente entweder der halbfeudalen oder der absoluten Monarchie

부르주아 계급은 반(半)봉건 또는 절대 왕정에 복무했다

oder die Bourgeoisie fungierte als Gegengewicht zum Adel

또는 부르주아 계급이 귀족에 대항하는 대항마로 행동했다

und in der Tat war die Bourgeoisie ein Eckpfeiler der großen Monarchien überhaupt

그리고 사실, 부르주아 계급은 일반적으로 위대한 군주국들의 주춧돌이었다

aber die moderne Industrie und der Weltmarkt haben sich seitdem etabliert

그러나 현대 산업과 세계 시장은 그 이후로 자리 잡았습니다

und die Bourgeoisie hat sich die ausschließliche politische Herrschaft erobert

그리고 부르주아지는 배타적인 정치적 지배력을 스스로 장악했다

sie erreichte diese politische Herrschaft durch den modernen repräsentativen Staat

그것은 근대적 대의국가를 통하여 이러한 정치적 지배력을 획득하였다

Die Exekutive des modernen Staates ist nichts anderes als ein Verwaltungskomitee

현대 국가의 집행자들은 단지 관리 위원회에 불과하다

und sie leiten die gemeinsamen Angelegenheiten der gesamten Bourgeoisie

그리고 그들은 부르주아 계급 전체의 공통된 일들을 관리한다

Die Bourgeoisie hat historisch gesehen eine höchst revolutionäre Rolle gespielt

역사적으로 부르주아지는 가장 혁명적인 역할을 해왔다

Wo immer sie die Oberhand gewann, machte sie allen feudalen, patriarchalischen und idyllischen Verhältnissen ein Ende

우위를 점하는 곳마다 모든 봉건적, 가부장적, 목가적 관계를 종식시켰다

Sie hat erbarmungslos die bunten feudalen Bande zerrissen, die den Menschen an seine "natürlichen Vorgesetzten" banden

그것은 인간을 "타고난 상급자"에게 묶어 놓았던 잡다한 봉건적 유대를 무자비하게 찢어 버렸다

Und es ist kein Nexus zwischen Mensch und Mensch übrig geblieben, außer nacktem Eigeninteresse

그리고 그것은 인간과 인간 사이에 적나라한 이기심 외에는 아무런 연결고리도 남기지 않았다

Die Beziehungen der Menschen zueinander sind zu nichts anderem geworden als zu einer gefühllosen "Geldzahlung"

인간과 인간의 관계는 냉담한 "현금 지불"에 지나지 않는다

Sie hat die himmlischsten Ekstasen religiöser Inbrunst ertränkt

그것은 종교적 열정의 가장 천상의 황홀경을 익사시켜 버렸다

sie hat ritterlichen Enthusiasmus und philiströsen Sentimentalismus übertönt

그것은 기사도의 열정과 속물적인 감상주의를 익사시켰다

Sie hat diese Dinge im eisigen Wasser des egoistischen Kalküls ertränkt

그것은 이러한 것들을 자기중심적인 계산의 얼음물 속에 빠뜨려 버렸다

Sie hat den persönlichen Wert in Tauschwert aufgelöst

그것은 개인의 가치를 교환 가능한 가치로 바꾸어 놓았다

Sie hat die zahllosen und unveräußerlichen verbrieften Freiheiten ersetzt

그것은 셀 수 없이 많고 부인할 수 없는 헌장된 자유를 대체했다

und sie hat eine einzige, skrupellose Freiheit geschaffen; Freihandel

그리고 그것은 단 하나의 비양심적인 자유를 확립했다. 자유무역

Mit einem Wort, sie hat dies für die Ausbeutung getan

한마디로 착취를 위해 이런 짓을 한 것이다

Ausbeutung, verschleiert durch religiöse und politische Illusionen

종교적, 정치적 환상에 가려진 착취

Ausbeutung verschleiert durch nackte, schamlose, direkte, brutale Ausbeutung

벌거벗고, 뻔뻔하고, 직접적이고, 잔인한 착취로 가려진 착취

die Bourgeoisie hat den Heiligenschein von jedem zuvor geehrten und verehrten Beruf abgestreift

부르주아 계급은 이전에 영예롭고 존경받던 모든 직업에서 후광을 벗겨냈다

der Arzt, der Advokat, der Priester, der Dichter und der Mann der Wissenschaft

의사, 법률가, 성직자, 시인, 과학자

Sie hat diese ausgezeichneten Arbeiter in ihre bezahlten Lohnarbeiter verwandelt

정부는 이 뛰어난 노동자들을 유급 임금 노동자로 전환시켰다

Die Bourgeoisie hat der Familie den sentimentalen Schleier weggerissen

부르주아 계급은 가족으로부터 감상적인 베일을 찢어버렸다

Und sie hat das Familienverhältnis auf ein bloßes Geldverhältnis reduziert

그리고 그것은 가족 관계를 단순한 돈 관계로 축소시켰다

die brutale Zurschaustellung der Kraft im Mittelalter, die die Reaktionäre so sehr bewundern

반동주의자들이 그토록 찬양하는 중세의 잔인한 활력 과시

Auch diese fand ihre passende Ergänzung in der trägesten Trägheit

이것조차도 가장 게으른 나태함에서 적절한 보완을 찾았다

Die Bourgeoisie hat enthüllt, wie es dazu gekommen ist

부르주아 계급은 이 모든 일이 어떻게 이루어졌는지를 밝혔다

Die Bourgeoisie war die erste, die gezeigt hat, was die Tätigkeit des Menschen bewirken kann

부르주아 계급은 인간의 활동이 무엇을 가져올 수 있는지를 처음으로 보여주었다

Sie hat Wunder vollbracht, die ägyptische Pyramiden, römische Aquädukte und gotische Kathedralen bei weitem übertreffen

그것은 이집트의 피라미드, 로마의 수로, 고딕 양식의 대성당을 훨씬 능가하는 경이로움을 이루었습니다

und sie hat Expeditionen durchgeführt, die alle früheren Auszüge von Nationen und Kreuzzügen in den Schatten stellten

그리고 그것은 이전의 모든 출애굽과 십자군 원정을 그늘에
가두는 원정을 수행했습니다

**Die Bourgeoisie kann nicht existieren, ohne die
Produktionsmittel ständig zu revolutionieren**

부르주아지는 생산수단들을 끊임없이 혁명화하지 않고는
존재할 수 없다

**und damit kann sie nicht ohne ihre Beziehungen zur
Produktion existieren**

따라서 그것은 생산과의 관계 없이는 존재할 수 없다

**und deshalb kann sie nicht ohne ihre Beziehungen zur
Gesellschaft existieren**

따라서 사회와의 관계 없이는 존재할 수 없다

**Alle früheren Industrieklassen hatten eine Bedingung
gemeinsam**

초기의 모든 산업 계급에는 한 가지 공통된 조건이 있었다

Sie setzten auf die Bewahrung der alten Produktionsweisen

그들은 낡은 생산양식의 보존에 의존했다

**aber die Bourgeoisie brachte eine völlig neue Dynamik mit
sich**

그러나 부르주아지는 완전히 새로운 역동성을 가져왔다

**Ständige Revolutionierung der Produktion und
ununterbrochene Störung aller gesellschaftlichen
Verhältnisse**

생산의 끊임없는 혁명과 모든 사회적 조건의 중단 없는 교란

**diese immerwährende Unsicherheit und Unruhe
unterscheidet die Epoche der Bourgeoisie von allen früheren**

이 영원한 불확실성과 동요는 부르주아지 시대를 이전의 모든
시대와 구별한다

**Die bisherigen Beziehungen zur Produktion waren mit alten
und ehrwürdigen Vorurteilen und Meinungen verbunden**

생산과의 이전 관계는 오래되고 유서 깊은 편견과 의견을
가지고 왔습니다

Aber all diese festgefahrenen, eingefrorenen Beziehungen werden hinweggefegt

그러나 이 모든 고정되고 급속히 얼어붙은 관계는 쓸려나간다

Alle neu gebildeten Verhältnisse werden antiquiert, bevor sie erstarren können

새로 형성된 모든 관계는 골화되기 전에 구식이 된다

Alles, was fest ist, zerschmilzt in Luft, und alles, was heilig ist, wird entweiht

단단한 것은 모두 녹아 공기 속으로 들어가고, 거룩한 것은 모두 더럽혀진다

Der Mensch ist endlich gezwungen, mit nüchternen Sinnen seinen wirklichen Lebensbedingungen ins Auge zu sehen

인간은 마침내 냉철한 감각, 즉 삶의 실제 조건들을 직시하지 않을 수 없게 된다

und er ist gezwungen, sich seinen Beziehungen zu seinesgleichen zu stellen

그리고 그는 자신의 종족과의 관계를 직시하지 않을 수 없다

Die Bourgeoisie muss ständig ihre Märkte für ihre Produkte erweitern

부르주아 계급은 끊임없이 자신의 상품에 대한 시장을 확대할 필요가 있다

und deshalb wird die Bourgeoisie über die ganze Erdoberfläche gejagt

그리고 이 때문에 부르주아 계급은 지구 표면 전체에 쫓기고 있다

Die Bourgeoisie muss sich überall einnisten, sich überall niederlassen, überall Verbindungen herstellen

부르주아 계급은 어디에나 자리 잡고, 어디에나 정착하고, 모든 곳에서 연결을 구축해야 한다

Die Bourgeoisie muss in jedem Winkel der Welt Märkte schaffen, um sie auszubeuten

부르주아지는 착취하기 위해 세계 곳곳에 시장을 창출해야 한다

Die Produktion und der Konsum in jedem Land haben einen kosmopolitischen Charakter erhalten
모든 나라의 생산과 소비는 국제적 성격을 띠고 있다

der Verdruss der Reaktionäre ist mit Händen zu greifen, aber er hat sich trotzdem fortgesetzt
반동주의자들의 억울함은 뚜렷하지만, 그것은 개의치 않고 계속되어 왔다

Die Bourgeoisie hat der Industrie den nationalen Boden, auf dem sie stand, unter den Füßen weggezogen
부르주아지는 자신들이 서 있는 민족적 토대를 산업의 발밑에서 끌어냈다

Alle alteingesessenen nationalen Industrien sind zerstört worden oder werden täglich zerstört
모든 오래된 국가 산업이 파괴되었거나 매일 파괴되고 있습니다

Alle alteingesessenen nationalen Industrien werden durch neue Industrien verdrängt
기존의 모든 국가 산업은 새로운 산업에 의해 밀려난다

Ihre Einführung wird zu einer Frage von Leben und Tod für alle zivilisierten Völker
그들의 도입은 모든 문명 국가의 삶과 죽음의 문제가 됩니다

Sie werden von Industrien verdrängt, die keine heimischen Rohstoffe mehr verarbeiten
그들은 더 이상 토착 원료를 생산하지 않는 산업에 의해 쫓겨납니다

Stattdessen beziehen diese Industrien Rohstoffe aus den entlegensten Zonen
대신, 이러한 산업은 가장 외딴 지역에서 원자재를 가져옵니다

Industrien, deren Produkte nicht nur zu Hause, sondern in allen Teilen der Welt konsumiert werden
가정에서뿐만 아니라 전 세계 모든 곳에서 제품이 소비되는 산업

An die Stelle der alten Bedürfnisse, die durch die Erzeugnisse des Landes befriedigt werden, treten neue Bedürfnisse
낡은 욕구 대신에, 그 나라의 생산에 의해 충족되는 새로운 욕구를 발견한다

Diese neuen Bedürfnisse bedürfen zu ihrer Befriedigung der Produkte aus fernen Ländern und Klimazonen
이러한 새로운 욕구는 그들의 만족을 위하여 먼 나라와 지방의 산물을 필요로 한다

An die Stelle der alten lokalen und nationalen Abgeschiedenheit und Selbstversorgung tritt der Handel
낡은 지역적, 국가적 고립과 자급자족 대신에, 우리는 무역을 가지고 있다

internationaler Austausch in alle Richtungen; universelle Interdependenz der Nationen
모든 방향의 국제 교류; 국가들의 보편적 상호의존성

Und so wie wir von Materialien abhängig sind, so sind wir von der intellektuellen Produktion abhängig
그리고 우리가 물질에 의존하는 것과 마찬가지로, 우리는 지적 생산에 의존한다

Die geistigen Schöpfungen der einzelnen Nationen werden zum Gemeingut
개별 국가의 지적 창조물은 공동 재산이 된다

Nationale Einseitigkeit und Engstirnigkeit werden immer unmöglicher
민족적 일방성과 편협함은 점점 더 불가능해진다

Und aus den zahlreichen nationalen und lokalen Literaturen entsteht eine Weltliteratur
그리고 수많은 국가 및 지역 문학에서 세계 문학이 생겨납니다

durch die rasche Verbesserung aller Produktionsmittel
생산의 모든 계기의 급속한 개선에 의하여

durch die immens erleichterten Kommunikationsmittel
엄청나게 편리한 통신 수단에 의해

Die Bourgeoisie zieht alle (auch die barbarischsten Nationen) in die Zivilisation hinein

부르주아 계급은 모든 (심지어 가장 야만적인 나라들조차도) 문명 속으로 끌어들인다

Die billigen Preise seiner Waren; die schwere Artillerie, die alle chinesischen Mauern niederreißt

상품의 저렴한 가격; 모든 중국 성벽을 무너뜨리는 중포병

Der hartnäckige Fremdenhass der Barbaren wird zur Kapitulation gezwungen

외국인에 대한 야만인들의 강렬한 증오심은 항복할 수밖에 없다

Sie zwingt alle Nationen, unter Androhung des Aussterbens, die Bourgeoisie Produktionsweise anzunehmen

그것은 모든 민족들이 소멸의 고통 속에서 부르주아지의 생산양식을 채택하도록 강요한다

Sie zwingt sie, das, was sie Zivilisation nennt, in ihre Mitte einzuführen

그것은 그들이 문명이라고 부르는 것을 그들 가운데 도입하도록 강요합니다

Die Bourgeoisie zwingt die Barbaren, selbst zur Bourgeoisie zu werden

부르주아지는 야만인들을 부르주아지가 되라고 강요한다

mit einem Wort, die Bourgeoisie schafft sich eine Welt nach ihrem Bilde

한마디로 부르주아지는 자신의 형상을 따라 세계를 창조한다

Die Bourgeoisie hat das Land der Herrschaft der Städte unterworfen

부르주아 계급은 농촌을 도시의 지배에 복종시켰다

Sie hat riesige Städte geschaffen und die Stadtbevölkerung stark vergrößert

그것은 거대한 도시를 만들고 도시 인구를 크게 증가시켰습니다

Sie rettete einen beträchtlichen Teil der Bevölkerung vor der Idiotie des Landlebens

그것은 농촌 생활의 어리석음으로부터 인구의 상당 부분을
구출했습니다

**Aber sie hat die Menschen auf dem Lande von den Städten
abhängig gemacht**

그러나 그것은 시골에 있는 사람들을 도시에 의존하게 만들었다

**Und ebenso hat sie die barbarischen Länder von den
zivilisierten abhängig gemacht**

마찬가지로 야만인 국가를 문명 국가에 의존하게 만들었습니다

**Bauernnationen gegen Völker der Bourgeoisie, Osten gegen
Westen**

부르주아지의 민족에 농민의 민족, 서구에 동양의 민족

**Die Bourgeoisie beseitigt den zerstreuten Zustand der
Bevölkerung mehr und mehr**

부르주아 계급은 흩어진 인구 상태를 점점 더 없애고 있다

**Sie hat die Produktion agglomeriert und das Eigentum in
wenigen Händen konzentriert**

그것은 집적된 생산을 가지고 있으며, 소수의 손에 재산을
집중시켰다

**Die notwendige Konsequenz daraus war eine politische
Zentralisierung**

이것의 필연적인 결과는 정치적 중앙집권화였다

**Es gab unabhängige Nationen und lose miteinander
verbundene Provinzen**

독립된 국가들과 느슨하게 연결된 속주들이 있었다

**Sie hatten getrennte Interessen, Gesetze, Regierungen und
Steuersysteme**

그들은 이해관계, 법률, 정부, 조세 제도가 분리되어 있었다

**Aber sie sind zu einer Nation zusammengeschmolzen, mit
einer Regierung**

그러나 그들은 한 나라, 한 정부를 가진 나라로 뭉쳐졌다

**Sie haben jetzt ein nationales Klasseninteresse, eine Grenze
und einen Zolltarif**

그들은 이제 하나의 국가적 계급 이익, 하나의 국경 및 하나의 관세를 가지고 있다

Und dieses nationale Klasseninteresse ist unter einem Gesetzbuch vereinigt

그리고 이 민족적 계급-이해관계는 하나의 법전 아래 통합된다

die Bourgeoisie hat während ihrer knapp hundertjährigen Herrschaft viel erreicht

부르주아 계급은 100년이라는 희소한 통치 기간 동안 많은 것을 성취했다

massivere und kolossalere Produktivkräfte als alle vorhergehenden Generationen zusammen

이전의 모든 세대를 합친 것보다 더 거대하고 거대한 생산력

Die Kräfte der Natur sind dem Willen des Menschen und seiner Maschinerie unterworfen

자연의 힘은 인간과 기계의 의지에 예속되어 있다

Die Chemie wird auf alle Industrieformen und Landwirtschaftsformen angewendet

화학은 모든 형태의 산업과 농업 유형에 적용됩니다

Dampfschiffahrt, Eisenbahnen, elektrische Telegraphen und die Druckerpresse

증기 항법, 철도, 전기 전신, 인쇄기

Rodung ganzer Kontinente für den Anbau, Kanalisierung von Flüssen

경작을 위한 대륙 전체의 개간, 강의 운하화

ganze Populationen wurden aus dem Boden gezaubert und an die Arbeit gebracht

모든 인구가 땅에서 소환되어 일하게 되었습니다

Welches frühere Jahrhundert hatte auch nur eine Ahnung von dem, was entfesselt werden könnte?

이전 세기의 어느 때에 어떤 일이 일어날 수 있다는 예감이 있었는가?

Wer hat vorausgesagt, dass solche Produktivkräfte im Schoß der gesellschaftlichen Arbeit schlummern?

그러한 생산력이 사회노동의 무릎 위에서 잠자고 있으리라고
누가 예측했는가?

**Wir sehen also, daß die Produktions- und Tauschmittel in
der feudalen Gesellschaft erzeugt wurden**

그렇다면 우리는 생산수단과 교환수단이 봉건사회에서
생성되었음을 알 수 있다

**die Produktionsmittel, auf deren Grundlage sich die
Bourgeoisie aufbaute**

부르주아지가 스스로를 건설한 생산수단

**Auf einer bestimmten Stufe der Entwicklung dieser
Produktions- und Tauschmittel**

이러한 생산수단과 교환수단의 발전의 특정 단계에서

**die Bedingungen, unter denen die feudale Gesellschaft
produzierte und tauschte**

봉건 사회가 생산하고 교환하는 조건

**Die feudale Organisation der Landwirtschaft und des
verarbeitenden Gewerbes**

농업 및 제조업의 봉건 조직

**Die feudalen Eigentumsverhältnisse waren mit den
materiellen Verhältnissen nicht mehr vereinbar**

재산의 봉건적 관계는 더 이상 물질적 조건과 양립할 수 없었다

**Sie mussten gesprengt werden, also wurden sie
auseinandergesprengt**

그것들은 산산조각이 나야 했고, 그래서 그들은 산산조각이
났다

An ihre Stelle trat die freie Konkurrenz der Produktivkräfte

그 자리에는 생산력과의 자유로운 경쟁이 들어섰다

**Und sie wurden von einer ihr angepassten sozialen und
politischen Verfassung begleitet**

그리고 그들은 그것에 적합한 사회적, 정치적 헌법을 동반했다

**und sie wurde begleitet von der ökonomischen und
politischen Herrschaft der Bourgeoisie Klasse**

그리고 그것은 부르주아 계급의 경제적, 정치적 영향력을
동반했다

**Eine ähnliche Bewegung vollzieht sich vor unseren eigenen
Augen**

이와 비슷한 움직임이 우리 눈앞에서 벌어지고 있습니다

**Die moderne Bourgeoisie Gesellschaft mit ihren
Produktions-, Tausch- und Eigentumsverhältnissen**

현대 부르주아 사회와 생산관계, 교환관계, 소유관계

**eine Gesellschaft, die so gigantische Produktions- und
Tauschmittel heraufbeschworen hat**

그토록 거대한 생산수단과 교환수단을 만들어낸 사회

**Es ist wie der Zauberer, der die Mächte der Unterwelt
heraufbeschworen hat**

마치 지하 세계의 힘을 불러낸 마법사와 같다

**Aber er ist nicht mehr in der Lage, zu kontrollieren, was er
in die Welt gebracht hat**

그러나 그는 더 이상 자신이 세상에 가져온 것을 통제할 수 없다

**Viele Jahrzehnte lang war die vergangene Geschichte durch
einen roten Faden miteinander verbunden**

10년 동안 과거의 역사는 공통점으로 묶여 있었다

**Die Geschichte der Industrie und des Handels ist nichts
anderes als die Geschichte der Revolten**

산업과 상업의 역사는 반란의 역사에 지나지 않았다

**die Revolten der modernen Produktivkräfte gegen die
modernen Produktionsbedingungen**

근대적 생산조건에 대항하는 근대적 생산력의 반란

**die Revolten der modernen Produktivkräfte gegen die
Eigentumsverhältnisse**

소유 관계에 대한 현대 생산력의 반란

**diese Eigentumsverhältnisse sind die Bedingungen für die
Existenz der Bourgeoisie**

이러한 소유관계는 부르주아지의 존재를 위한 조건들이다

und die Existenz der Bourgeoisie bestimmt die Regeln der Eigentumsverhältnisse

그리고 부르주아지의 존재는 소유 관계의 규칙을 결정한다

Es genügt, die periodische Wiederkehr von Handelskrisen zu erwähnen

상업 위기의 주기적인 귀환을 언급하는 것으로 충분합니다

jede Handelskrise ist für die Bourgeoisie Gesellschaft bedrohlicher als die letzte

각각의 상업 위기는 지난번보다 부르주아 사회에 더 위협적이다

In diesen Krisen wird ein großer Teil der bestehenden Produkte vernichtet

이러한 위기 상황에서는 기존 제품의 상당 부분이 파괴됩니다

Diese Krisen zerstören aber auch die zuvor geschaffenen Produktivkräfte

그러나 이러한 위기는 또한 이전에 창출된 생산력을 파괴한다

In allen früheren Epochen wären diese Epidemien als Absurdität erschienen

이전의 모든 신(新)시대들에서, 이 전염병들은 터무니없는 것으로 보였을 것이다

denn diese Epidemien sind die kommerziellen Krisen der Überproduktion

이러한 전염병은 과잉 생산의 상업적 위기이기 때문입니다

Die Gesellschaft befindet sich plötzlich wieder in einem Zustand der momentanen Barbarei

사회는 갑자기 일시적인 야만의 상태로 되돌아가게 된다

als ob ein allgemeiner Verwüstungskrieg jede Möglichkeit des Lebensunterhalts abgeschnitten hätte

마치 전 세계적인 황폐 전쟁이 모든 생존 수단을 차단해 버린 것처럼 말이다

Industrie und Handel scheinen zerstört worden zu sein; Und warum?

산업과 상업은 파괴된 것처럼 보인다. 그리고 그 이유는 무엇인가?

Weil es zu viel Zivilisation und Subsistenzmittel gibt
문명과 생계 수단이 너무 많기 때문입니다
Und weil es zu viel Industrie und zu viel Handel gibt
산업이 너무 많고 상업이 너무 많기 때문입니다
**Die Produktivkräfte, die der Gesellschaft zur Verfügung
stehen, entwickeln nicht mehr das Bourgeoisie Eigentum**
사회를 마음대로 처분할 수 있는 생산력은 더 이상
부르주아지의 소유를 발전시키지 않는다
**im Gegenteil, sie sind zu mächtig geworden für diese
Verhältnisse, durch die sie gefesselt sind**
그와는 반대로, 그들은 이러한 조건들에 대해 너무 강력해졌고,
그로 인해 족쇄를 채웠다
**sobald sie diese Fesseln überwunden haben, bringen sie
Unordnung in die ganze Bourgeoisie Gesellschaft**
그들이 이러한 족쇄를 극복하자마자, 그들은 부르주아 사회
전체에 무질서를 가져온다
**und die Produktivkräfte gefährden die Existenz des
Bourgeoisie Eigentums**
그리고 생산력은 부르주아지 소유의 존재를 위태롭게 한다
**Die Bedingungen der Bourgeoisie Gesellschaft sind zu eng,
um den von ihnen geschaffenen Reichtum zu erfassen**
부르주아 사회의 조건들은 부르주아 사회가 창출한 부를
구성하기에는 너무 협소하다
Und wie überwindet die Bourgeoisie diese Krisen?
그리고 부르주아지는 이러한 위기들을 어떻게 극복하는가?
**Einerseits überwindet sie diese Krisen durch die
erzwungene Vernichtung einer Masse von Produktivkräften**
한편으로는, 생산력 다수의 강제적 파괴를 통해 이러한 위기를
극복한다
**Andererseits überwindet sie diese Krisen durch die
Eroberung neuer Märkte**

다른 한편으로는, 새로운 시장을 정복함으로써 이러한 위기를
극복한다

**Und sie überwindet diese Krisen durch die gründlichere
Ausbeutung der alten Produktivkräfte**

그리고 낡은 생산력을 더욱 철저하게 이용함으로써 이러한
위기를 극복한다

**Das heißt, indem sie den Weg für umfangreichere und
zerstörerischere Krisen ebnen**

다시 말해, 더 광범위하고 더 파괴적인 위기를 위한 길을
닦음으로써 말이다

**Sie überwindet die Krise, indem sie die Mittel zur
Krisenprävention einschränkt**

위기를 예방할 수 있는 수단을 줄임으로써 위기를 극복한다

**Die Waffen, mit denen die Bourgeoisie den Feudalismus zu
Fall brachte, sind jetzt gegen sich selbst gerichtet**

부르주아지가 봉건제를 무너뜨렸던 무기들은 이제 스스로를
향하고 있다

**Aber die Bourgeoisie hat nicht nur die Waffen geschmiedet,
die sich selbst den Tod bringen**

그러나 부르주아지가 죽음을 자초하는 무기만 벼려낸 것은
아니다

**Sie hat auch die Männer ins Leben gerufen, die diese
Waffen führen sollen**

그것은 또한 그러한 무기를 휘두를 사람들을 불러 모았습니다

**Und diese Männer sind die moderne Arbeiterklasse; Sie
sind die Proletarier**

그리고 이 사람들은 현대의 노동계급이다. 그들은
프롤레타리아이다

**In dem Maße, wie die Bourgeoisie entwickelt ist, entwickelt
sich auch das Proletariat**

부르주아지가 발전하는 것과 비례하여, 프롤레타리아트가
발전하는 것과 같은 비율로 발전한다

Die moderne Arbeiterklasse entwickelte eine Klasse von Arbeitern

근대 노동계급은 노동자 계급을 발전시켰다

Diese Klasse von Arbeitern lebt nur so lange, wie sie Arbeit findet

이 노동자 계급은 일자리를 찾을 때까지만 산다

Und sie finden nur so lange Arbeit, wie ihre Arbeit das Kapital vermehrt

그리고 그들은 그들의 노동이 자본을 증가시키는 한에서만 일자리를 찾는다

Diese Arbeiter, die sich stückweise verkaufen müssen, sind eine Ware

단편적으로 자신을 팔아야 하는 이 노동자들은 상품이다

Diese Arbeiter sind wie jeder andere Handelsartikel

이 노동자들은 다른 모든 상업 품목과 같다

und sie sind folglich allen Wechselfällen des Wettbewerbs ausgesetzt

그리고 결과적으로 그들은 경쟁의 모든 변덕에 노출된다

Sie müssen alle Schwankungen des Marktes überstehen

그들은 시장의 모든 변동을 견뎌야 합니다

Aufgrund des umfangreichen Maschineneinsatzes und der Arbeitsteilung

기계의 광범위한 사용과 분업으로 인해

Die Arbeit der Proletarier hat jeden individuellen Charakter verloren

프롤레타리아의 활동은 모든 개인적 성격을 상실했다

Und folglich hat die Arbeit der Proletarier für den Arbeiter jeden Reiz verloren

그 결과, 프롤레타리아트의 노동은 노동자에게 모든 매력을 잃었다

Er wird zu einem Anhängsel der Maschine und nicht mehr zu dem Mann, der er einmal war

그는 예전의 인간이 아니라 기계의 부속물이 된다

Nur das einfachste, eintönigste und am leichtesten zu erwerbende Geschick wird von ihm verlangt

가장 단순하고, 단조롭고, 가장 쉽게 습득할 수 있는 요령만이 그에게는 요구된다

Daher sind die Produktionskosten eines Arbeiters begrenzt

따라서 노동자의 생산 비용이 제한됩니다

sie beschränkt sich fast ausschließlich auf die Mittel zur Bestreitung des Lebensunterhalts, die er zu seinem Unterhalt benötigt

그것은 거의 전적으로 그가 자신의 유지를 위해 필요로 하는 생계 수단으로 제한되어 있다

und sie beschränkt sich auf die Subsistenzmittel, die er zur Fortpflanzung seiner Rasse benötigt

그리고 그것은 그가 자기 종족의 번식을 위하여 필요로 하는 생계 수단으로 제한된다

Aber der Preis einer Ware, also auch der Arbeit, ist gleich ihren Produktionskosten

그러나 상품의 가격, 따라서 노동의 가격은 생산비와 동일하다

In dem Maße also, wie die Widerwärtigkeit der Arbeit zunimmt, sinkt der Lohn

그러므로 그에 비례하여 노동의 혐오감이 증가함에 따라 임금은 감소한다

Ja, die Widerwärtigkeit seiner Arbeit nimmt sogar noch mehr zu

아니, 그의 작품의 혐오감은 훨씬 더 빠른 속도로 증가한다

In dem Maße, wie der Einsatz von Maschinen und die Arbeitsteilung zunehmen, steigt auch die Last der Arbeit

기계의 사용과 분업이 증가함에 따라, 노동의 부담도 증가한다

Die Arbeitsbelastung wird durch die Verlängerung der Arbeitszeit erhöht

노동시간의 연장으로 노동의 부담이 가중된다

Dem Arbeiter wird in der gleichen Zeit mehr zugemutet als zuvor

이전과 같은 시간에 노동자에게 더 많은 것이 기대된다

Und natürlich wird die Last der Arbeit durch die Geschwindigkeit der Maschinerie erhöht

물론 고된 노동의 부담은 기계의 속도에 의해 증가합니다

Die moderne Industrie hat die kleine Werkstatt des patriarchalischen Meisters in die große Fabrik des industriellen Kapitalisten verwandelt

현대 산업은 가부장적 주인의 작은 작업장을 산업 사본가의 거대한 공장으로 바꾸어 놓았다

Massen von Arbeitern, die in die Fabrik gedrängt sind, sind wie Soldaten organisiert

공장에 몰려든 노동자 대중은 군인처럼 조직되어 있다

Als Gefreite der Industriearmee stehen sie unter dem Kommando einer vollkommenen Hierarchie von Offizieren und Unteroffizieren

산업 군대의 사병으로서 그들은 장교와 하사관으로 구성된 완전한 계층의 지휘 아래 배치됩니다

sie sind nicht nur die Sklaven der Bourgeoisie und des Staates

그들은 부르주아 계급과 국가의 노예들만이 아니다

Aber sie werden auch täglich und stündlich von der Maschine versklavt

그러나 그들은 또한 매일, 그리고 매시간 기계에 의해 노예가 된다

sie sind Sklaven des Aufsehers und vor allem des einzelnen Bourgeoisie Fabrikanten selbst

그들은 구경꾼에 의해, 그리고 무엇보다도, 개별 부르주아 제조업자 자신에 의해 노예가 된다

Je offener dieser Despotismus den Gewinn als seinen Zweck und sein Ziel proklamiert, desto kleinlicher, verhaßter und verbitterender ist er

이 독재가 자신의 목적과 목적인 이득을 공공연하게 선포할수록, 그것은 더 하찮고, 더 증오스럽고, 더 비참하다

Je mehr sich die moderne Industrie entwickelt, desto
geringer sind die Unterschiede zwischen den Geschlechtern

현대 산업이 발달하면 할수록, 남녀 간의 차이는 줄어들 것이다

Je geringer die Geschicklichkeit und Kraftanstrengung der
Handarbeit ist, desto mehr wird die Arbeit der Männer von
der der Frauen verdrängt

육체 노동에 내포된 기술과 힘의 노력이 적으면 적을수록,
남자의 노동은 여자의 노동으로 대체된다

Alters- und Geschlechtsunterschiede haben für die
Arbeiterklasse keine besondere gesellschaftliche Gültigkeit
mehr

나이와 성별의 차이는 더 이상 노동계급에게 어떤 뚜렷한
사회적 타당성도 갖지 못한다

Alle sind Arbeitsinstrumente, die je nach Alter und
Geschlecht mehr oder weniger teuer zu gebrauchen sind

모두 노동 도구이며, 나이와 성별에 따라 사용 비용이 다소
비쌉니다

sobald der Arbeiter seinen Lohn in bar erhält, wird er von
den übrigen Teilen der Bourgeoisie angegriffen

노동자가 자신의 임금을 현금으로 받자마자 부르주아지의 다른
부분들에 의해 압박을 받는다

der Vermieter, der Ladenbesitzer, der Pfandleiher usw

집주인, 가게 주인, 전당포 등

Die unteren Schichten der Mittelschicht; die kleinen
Handwerker und Ladenbesitzer

중산층의 하층; 소상공인과 상점 주인

die pensionierten Gewerbetreibenden überhaupt, die
Handwerker und Bauern

일반적으로 은퇴한 상인, 그리고 수공업자와 농민

all dies sinkt allmählich in das Proletariat ein

이 모든 것은 점차적으로 프롤레타리아트 속으로 가라앉는다

theils deshalb, weil ihr winziges Kapital nicht ausreicht für
den Maßstab, in dem die moderne Industrie betrieben wird

부분적으로는 그들의 작은 자본이 현대 산업이 수행되는 규모에 충분하지 않기 때문이다

und weil sie in der Konkurrenz mit den Großkapitalisten überschwemmt wird

그리고 그것은 거대 자본가들과의 경쟁에서 늪에 빠져 있기 때문이다

zum Teil deshalb, weil ihr spezialisiertes Können durch die neuen Produktionsmethoden wertlos wird

부분적으로는 그들의 전문화된 기술이 새로운 생산 방식에 의해 무가치하게 되기 때문이다

So rekrutiert sich das Proletariat aus allen Klassen der Bevölkerung

그리하여 프롤레타리아트는 모든 계급의 사람들로부터 모집된다

Das Proletariat durchläuft verschiedene Entwicklungsstufen

프롤레타리아트는 다양한 발전 단계를 거친다

Mit ihrer Geburt beginnt der Kampf mit der Bourgeoisie

그것의 탄생과 함께 부르주아지와의 투쟁이 시작된다

Zuerst wird der Kampf von einzelnen Arbeitern geführt

처음에는 노동자 개개인이 투쟁을 벌인다

Dann wird der Kampf von den Arbeitern einer Fabrik ausgetragen

그런 다음 경연은 공장의 노동자들에 의해 수행됩니다

Dann wird der Kampf von den Arbeitern eines Gewerbes an einem Ort ausgetragen

그런 다음 경쟁은 한 지역에서 한 무역의 운영자에 의해 수행됩니다

und der Kampf richtet sich dann gegen die einzelne Bourgeoisie, die sie direkt ausbeutet

그리고 그 경쟁은 그들을 직접 착취하는 개별 부르주아지에 대한 것이다

Sie richten ihre Angriffe nicht gegen die Bourgeoisie Produktionsbedingungen

그들은 부르주아지의 생산조건에 대한 공격이 아니다

aber sie richten ihren Angriff gegen die Produktionsmittel selbst

그러나 그들은 생산수단 자체에 대한 공격을 지시한다

Sie vernichten importierte Waren, die mit ihrer Arbeitskraft konkurrieren

그들은 그들의 노동과 경쟁하는 수입 제품을 파괴합니다

Sie zertrümmern Maschinen und setzen Fabriken in Brand

그들은 기계를 산산조각내고 공장에 불을 질렀습니다

sie versuchen, den verschwundenen Status des Arbeiters des Mittelalters mit Gewalt wiederherzustellen

그들은 중세의 사라진 노동자의 지위를 무력으로 회복시키려 한다

In diesem Stadium bilden die Arbeiter noch eine unzusammenhängende Masse, die über das ganze Land verstreut ist

이 단계에서 노동자들은 여전히 전국에 흩어져 있는 지리멸렬한 대중을 형성하고 있다

und sie werden durch ihre gegenseitige Konkurrenz zerrissen

그리고 그들은 상호 경쟁에 의해 흩어집니다

Wenn sie sich irgendwo zu kompakteren Körpern vereinigen, so ist dies noch nicht die Folge ihrer eigenen aktiven Vereinigung

어느 곳에서든지 그들이 연합하여 더 조밀한 몸을 형성한다면, 이것은 아직 그들 자신의 적극적인 연합의 결과가 아니다

aber es ist eine Folge der Vereinigung der Bourgeoisie, ihre eigenen politischen Ziele zu erreichen

그러나 그것은 부르주아지의 연합이 그 자신의 정치적 목적을 달성하기 위한 결과이다

die Bourgeoisie ist gezwungen, das ganze Proletariat in Bewegung zu setzen

부르주아지는 전체 프롤레타리아트를 움직이도록 강요받는다

und überdies ist die Bourgeoisie eine Zeitlang dazu in der Lage

더욱이 당분간은 부르주아지가 그렇게 할 수 있다

In diesem Stadium kämpfen die Proletarier also nicht gegen ihre Feinde

그러므로 이 단계에서 프롤레타리아는 적들과 싸우지 않는다

Stattdessen kämpfen sie gegen die Feinde ihrer Feinde

오히려 그들은 적의 적과 싸우고 있습니다

Der Kampf gegen die Überreste der absoluten Monarchie und die Großgrundbesitzer

절대 군주제의 잔재와 지주와의 싸움

sie bekämpfen die nicht-industrielle Bourgeoisie; das Kleiliche Bourgeoisie

그들은 비산업적 부르주아지와 싸운다. 쁘띠 부르주아

So ist die ganze historische Bewegung in den Händen der Bourgeoisie konzentriert

그리하여 모든 역사적 운동은 부르주아지의 수중에 집중되어 있다

jeder so errungene Sieg ist ein Sieg der Bourgeoisie

그렇게 얻어진 모든 승리는 부르주아지의 승리이다

Aber mit der Entwicklung der Industrie wächst nicht nur die Zahl des Proletariats

그러나 산업의 발전과 함께 프롤레타리아트의 수는 증가할 뿐만이 아니다

das Proletariat konzentriert sich in größeren Massen und seine Kraft wächst

프롤레타리아트는 더 많은 대중으로 집중되고 그 힘은 커진다

und das Proletariat spürt diese Kraft mehr und mehr

그리고 프롤레타리아트는 그 힘을 점점 더 느낀다

Die verschiedenen Interessen und Lebensbedingungen in den Reihen des Proletariats gleichen sich mehr und mehr an

프롤레타리아트 대열 내에서 다양한 이해관계와 삶의 조건들이 점점 더 평등해지고 있다

sie werden in dem Maße größer, wie die Maschinerie alle Unterschiede der Arbeit verwischt

그것들은 기계가 노동의 모든 구별을 말살함에 따라 더욱 비례하게 된다

Und die Maschinen senken fast überall die Löhne auf das gleiche niedrige Niveau

그리고 거의 모든 곳에서 기계는 임금을 똑같이 낮은 수준으로 낮춘다

Die wachsende Konkurrenz der Bourgeoisie und die daraus resultierenden Handelskrisen lassen die Löhne der Arbeiter immer schwankender

부르주아지 계급 사이의 점증하는 경쟁과 그로 인한 상업 위기는 노동자들의 임금을 더욱 요동치게 만든다

Die unaufhörliche Verbesserung der sich immer schneller entwickelnden Maschinen macht ihren Lebensunterhalt immer prekärer

기계의 끊임없는 발전은 점점 더 급속히 발전하여 그들의 생계를 점점 더 불안정하게 만들고 있다

die Kollisionen zwischen einzelnen Arbeitern und einzelnen Bourgeoisien nehmen immer mehr den Charakter von Zusammenstößen zwischen zwei Klassen an

개별 노동자와 개별 부르주아지 사이의 충돌은 점점 더 두 계급 사이의 충돌의 성격을 띠고 있다

Darauf beginnen die Arbeiter, sich gegen die Bourgeoisie zu verbünden (Gewerkschaften)

그 후 노동자들은 부르주아지에 대항하는 조합(노동조합)을 형성하기 시작한다

Sie schließen sich zusammen, um die Löhne hoch zu halten

그들은 임금을 유지하기 위해 함께 뭉친다

sie gründeten ständige Vereinigungen, um für diese gelegentlichen Revolten im voraus Vorsorge zu treffen

그들은 이따금씩 일어나는 반란에 대비하여 미리 준비하기 위하여 영구적인 관계적-연합들을 발견하였다

Hier und da bricht der Wettkampf in Ausschreitungen aus

여기저기서 다툼이 일어나 폭동이 일어난다

Hin und wieder siegen die Arbeiter, aber nur für eine gewisse Zeit

이따금 노동자들이 승리를 거두지만, 그것도 잠시뿐이다

Die wirkliche Frucht ihrer Kämpfe liegt nicht in den unmittelbaren Ergebnissen, sondern in der immer größer werdenden Vereinigung der Arbeiter

투쟁의 진정한 결실은 즉각적인 결과가 아니라 계속 확대되는 노동자 노조에 있다

Diese Vereinigung wird durch die verbesserten Kommunikationsmittel unterstützt, die von der modernen Industrie geschaffen werden

이 연합은 현대 산업이 만든 개선된 통신 수단의 도움을 받고 있습니다

Die moderne Kommunikation bringt die Arbeiter verschiedener Orte miteinander in Kontakt

현대의 통신은 서로 다른 지역의 근로자들이 서로 접촉할 수 있도록 합니다

Es war gerade dieser Kontakt, der nötig war, um die zahlreichen lokalen Kämpfe zu einem nationalen Kampf zwischen den Klassen zu zentralisieren

수많은 지역적 투쟁을 계급들 사이의 하나의 전국적 투쟁으로 집중시키는 데 필요했던 것은 바로 이 접촉이었다

Alle diese Kämpfe haben den gleichen Charakter, und jeder Klassenkampf ist ein politischer Kampf

이 모든 투쟁은 동일한 성격을 지니며, 모든 계급투쟁은
정치투쟁이다

**die Bürger des Mittelalters mit ihren elenden Landstraßen
brauchten Jahrhunderte, um ihre Vereinigungen zu bilden**
비참한 고속도로를 가진 중세의 버거들은 그들의 연합을
형성하는 데 수세기가 걸렸습니다

**Die modernen Proletarier erreichen dank der Eisenbahn ihre
Gewerkschaften innerhalb weniger Jahre**
현대의 프롤레타리아들은 철도 덕분에 몇 년 안에 노동조합을
쟁취한다

**Diese Organisation der Proletarier zu einer Klasse formte sie
folglich zu einer politischen Partei**
프롤레타리아들을 하나의 계급으로 조직한 것은 결과적으로
프롤레타리아들을 하나의 정당으로 형성했다

**Die politische Klasse wird immer wieder durch die
Konkurrenz zwischen den Arbeitern selbst verärgert**
정치계급은 노동자들 자신들 사이의 경쟁에 의해 끊임없이 다시
동요되고 있다

**Aber die politische Klasse erhebt sich weiter, stärker, fester,
mächtiger**
그러나 정치 계급은 더 강하고, 더 굳건하고, 더 강력하게 다시
일어선다

**Er zwingt zur gesetzgeberischen Anerkennung der
besonderen Interessen der Arbeitnehmer**
노동자의 특수한 이해관계를 입법적으로 인정하도록 강제하는
것이다

**sie tut dies, indem sie sich die Spaltungen innerhalb der
Bourgeoisie selbst zunutze macht**
그것은 부르주아지 계급 자체의 분열을 이용함으로써 그렇게
한다

**Damit wurde das Zehnstundengesetz in England in Kraft
gesetzt**

그리하여 영국에서 10시간 노동법이 제정되었다

in vielerlei Hinsicht ist der Zusammenstoß zwischen den Klassen der alten Gesellschaft ferner der Entwicklungsgang des Proletariats

여러 면에서 낡은 사회의 계급들 사이의 충돌은 프롤레타리아트의 발전 과정이다

Die Bourgeoisie befindet sich in einem ständigen Kampf

부르주아 계급은 끊임없는 전투에 휘말리고 있다

Zuerst wird sie sich in einem ständigen Kampf mit der Aristokratie wiederfinden

처음에는 귀족과의 끊임없는 전투에 휘말리게 될 것입니다

später wird sie sich in einem ständigen Kampf mit diesen Teilen der Bourgeoisie selbst wiederfinden

나중에는 부르주아지 계급 자체와 끊임없는 전투에 휘말리게 될 것이다

und ihre Interessen werden dem Fortschritt der Industrie entgegengesetzt sein

그리고 그들의 이해관계는 산업의 진보에 적대적이 될 것이다

zu allen Zeiten werden ihre Interessen mit der Bourgeoisie fremder Länder in Konflikt geraten sein

언제나 그들의 이해관계는 외국의 부르주아지와 적대적이 될 것이다

In allen diesen Kämpfen sieht sie sich genötigt, an das Proletariat zu appellieren, und bittet es um Hilfe

이 모든 투쟁들에서 프롤레타리아트는 프롤레타리아트에게 호소할 수밖에 없음을 깨닫고, 프롤레타리아트의 도움을 요청한다

Und so wird sie sich gezwungen sehen, sie in die politische Arena zu zerren

따라서 정치 무대로 끌고 가야 한다고 느낄 것이다

Die Bourgeoisie selbst versorgt also das Proletariat mit ihren eigenen Instrumenten der politischen und allgemeinen Erziehung

그러므로 부르주아지 자신은 프롤레타리아트에게 그 자신의
정치적, 일반적 교육 도구들을 제공한다

mit anderen Worten, sie liefert dem Proletariat Waffen für
den Kampf gegen die Bourgeoisie

다른 말로 하자면, 그것은 프롤레타리아트에게 부르주아지와
싸우기 위한 무기를 제공한다

Ferner werden, wie wir schon gesehen haben, ganze
Schichten der herrschenden Klassen in das Proletariat
hineingestürzt

더욱이, 우리가 이미 보았듯이, 지배계급의 전체 부문들은
프롤레타리아트로 침전된다

der Fortschritt der Industrie saugt sie in das Proletariat
hinein

산업의 진보는 그들을 프롤레타리아트 속으로 빨아들인다

oder zumindest sind sie in ihren Existenzbedingungen
bedroht

아니면, 적어도 그들의 생존 조건에서는 위협을 받고 있다

Diese versorgen auch das Proletariat mit frischen Elementen
der Aufklärung und des Fortschritts

이것들은 또한 프롤레타리아트에게 계몽과 진보의 신선한
요소들을 제공한다

Endlich, in Zeiten, in denen sich der Klassenkampf der
entscheidenden Stunde nähert

마지막으로, 계급투쟁이 결정적인 순간에 가까워지는 시기에야

Der Auflösungsprozess innerhalb der herrschenden Klasse

지배계급 내부에서 진행되고 있는 해체 과정

In der Tat wird die Auflösung, die sich innerhalb der
herrschenden Klasse vollzieht, in der gesamten Bandbreite
der Gesellschaft zu spüren sein

사실, 지배계급 내부에서 진행되고 있는 해체는 사회 전
범위에서 느껴질 것이다

Sie wird einen so gewalttätigen, krassen Charakter annehmen, dass ein kleiner Teil der herrschenden Klasse sich selbst abtreibt

그것은 너무나 폭력적이고 노골적인 성격을 띠게 될 것이며, 지배계급의 작은 부분이 스스로를 표류하게 할 것이다

Und diese herrschende Klasse wird sich der revolutionären Klasse anschließen

그리고 그 지배계급은 혁명계급에 합류할 것이다

Die revolutionäre Klasse ist die Klasse, die die Zukunft in ihren Händen hält

혁명적 계급은 미래를 손에 쥐고 있는 계급이다

Wie in früheren Zeiten ging ein Teil des Adels zur Bourgeoisie über

이전 시기와 마찬가지로 귀족의 일부가 부르주아지로 넘어갔다

ebenso wird ein Teil der Bourgeoisie zum Proletariat übergehen

같은 방식으로 부르주아지의 일부가 프롤레타리아트로 넘어갈 것이다

insbesondere wird ein Teil der Bourgeoisie zu einem Teil der Bourgeoisie Ideologen übergehen

특히, 부르주아지의 일부는 부르주아지 이데올로기의 일부에게 넘어갈 것이다

Bourgeoisie Ideologen, die sich auf die Ebene erhoben haben, die historische Bewegung als Ganzes theoretisch zu begreifen

부르주아지 이데올로기들은 스스로를 역사운동 전체를 이론적으로 이해하는 수준까지 끌어올렸다

Von allen Klassen, die heute der Bourgeoisie gegenüberstehen, ist das Proletariat allein eine wirklich revolutionäre Klasse

오늘날 부르주아지와 대면하고 있는 모든 계급들 중에서, 프롤레타리아트만이 진정으로 혁명적인 계급이다

Die anderen Klassen zerfallen und verschwinden schließlich im Angesicht der modernen Industrie

다른 계급들은 쇠퇴하고 마침내 현대 산업 앞에서 사라진다

das Proletariat ist ihr besonderes und wesentliches Produkt

프롤레타리아트는 그것의 특별하고 본질적인 산물이다

Die untere Mittelschicht, der kleine Fabrikant, der Ladenbesitzer, der Handwerker, der Bauer

중산층, 소규모 제조업자, 상점 주인, 장인, 농민

all diese Kämpfe gegen die Bourgeoisie

이 모든 것은 부르주아지에 맞서 싸운다

Sie kämpfen als Fraktionen der Mittelschicht, um sich vor dem Aussterben zu retten

그들은 멸종으로부터 스스로를 구하기 위해 중산층의 일부로서 싸운다

Sie sind also nicht revolutionär, sondern konservativ

따라서 그들은 혁명적이지 않고 보수적이다

Ja, mehr noch, sie sind reaktionär, denn sie versuchen, das Rad der Geschichte zurückzudrehen

더욱이, 그들은 역사의 수레바퀴를 굴리려 하기 때문에 반동적이다

Wenn sie zufällig revolutionär sind, so sind sie es nur im Hinblick auf ihre bevorstehende Überführung in das Proletariat

만약 우연히 그들이 혁명적이라면, 그들은 프롤레타리아트로의 임박한 이행을 고려할 때에만 혁명적이다

Sie verteidigen also nicht ihre gegenwärtigen, sondern ihre zukünftigen Interessen

그리하여 그들은 그들의 현재를 옹호하는 것이 아니라 미래의 이익을 옹호한다

sie verlassen ihren eigenen Standpunkt, um sich auf den des Proletariats zu stellen

그들은 프롤레타리아트의 입장에 서기 위해 그들 자신의 입장을
버린다

**Die »gefährliche Klasse«, der soziale Abschaum, diese
passiv verrottende Masse, die von den untersten Schichten
der alten Gesellschaft abgeworfen wird**

낡은 사회의 최하층이 내던져버린 수동적으로 썩어가는
덩어리인 '위험한 계급', 사회적 쓰레기

**sie können hier und da von einer proletarischen Revolution
in die Bewegung hineingerissen werden**

그들은 여기저기서 프롤레타리아 혁명에 의해 운동에 휩쓸릴 수
있다

**Seine Lebensbedingungen bereiten ihn jedoch viel mehr auf
die Rolle eines bestochenen Werkzeugs reaktionärer
Intrigen vor**

그러나 그것의 삶의 조건들은 그것을 반동적인 음모의 뇌물
도구로 삼을 수 있도록 훨씬 더 많이 준비시킨다

**In den Verhältnissen des Proletariats sind die Verhältnisse
der alten Gesellschaft im Allgemeinen bereits praktisch
überschwemmt**

프롤레타리아트의 조건에서, 낡은 사회 전반의 조건들은 이미
실질적으로 늪에 빠져 있다

Der Proletarier ist ohne Eigentum

프롤레타리아는 재산이 없다

**sein Verhältnis zu Frau und Kindern hat mit den
Familienverhältnissen der Bourgeoisie nichts mehr gemein**

그의 아내와 자녀들과의 관계는 더 이상 부르주아지의
가족관계와 아무런 공통점도 없다

**moderne industrielle Arbeit, moderne Unterwerfung unter
das Kapital, dasselbe in England wie in Frankreich, in
Amerika wie in Deutschland**

현대의 산업 노동, 자본에 대한 현대의 복종, 영국에서와
프랑스에서, 미국에서와 독일에서 동일

Seine Stellung in der Gesellschaft hat ihm jede Spur von nationalem Charakter genommen

그의 사회적 상황은 국민성의 모든 흔적을 앗아갔다

Gesetz, Moral, Religion sind für ihn so viele Bourgeoisie Vorurteile

그에게 법, 도덕, 종교는 너무나 많은 부르주아지의 편견이다

und hinter diesen Vorurteilen lauern ebenso viele Bourgeoisie Interessen

그리고 이러한 편견 뒤에는 많은 부르주아지의 이해관계가 매복해 있다

Alle vorhergehenden Klassen, die die Oberhand gewannen, versuchten, ihren bereits erworbenen Status zu festigen

우위를 점한 모든 이전 계급은 이미 획득한 지위를 강화하려고 노력했습니다

Sie taten dies, indem sie die Gesellschaft als Ganzes ihren Aneignungsbedingungen unterwarfen

그들은 사회 전반을 그들의 전유 조건에 종속시킴으로써 그렇게 하였다

Die Proletarier können nicht Herren der Produktivkräfte der Gesellschaft werden

프롤레타리아는 사회의 생산력의 주인이 될 수 없다

Sie kann dies nur tun, indem sie ihre eigene bisherige Aneignungsweise abschafft

그것은 그들 자신의 이전 전유 방식을 폐지함으로써만 그렇게 할 수 있다

Und damit hebt sie auch jede andere bisherige Aneignungsweise auf

그리하여 그것은 또한 이전의 다른 모든 전유 방식을 폐지한다

Sie haben nichts Eigenes zu sichern und zu festigen

그들은 확보하고 강화할 수 있는 것이 아무것도 없습니다

Ihre Aufgabe ist es, alle bisherigen Sicherheiten und Versicherungen für individuelles Eigentum zu vernichten

그들의 임무는 개인 재산에 대한 이전의 모든 증권과 보험을
파괴하는 것입니다

**Alle bisherigen historischen Bewegungen waren
Bewegungen von Minderheiten**
이전의 모든 역사적 운동은 소수 민족의 운동이었다

**oder es handelte sich um Bewegungen im Interesse von
Minderheiten**
또는 소수 집단의 이익을 위한 운동이었다

**Die proletarische Bewegung ist die selbstbewusste,
selbständige Bewegung der ungeheuren Mehrheit**
프롤레타리아 운동은 절대다수의 자의식적이고 독립적인
운동이다

Und es ist eine Bewegung im Interesse der großen Mehrheit
그리고 그것은 절대다수의 이익을 위한 운동이다

**Das Proletariat, die unterste Schicht unserer heutigen
Gesellschaft**
프롤레타리아트, 현 사회의 최하층

**Sie kann sich nicht regen oder erheben, ohne daß die ganze
übergeordnete Schicht der offiziellen Gesellschaft in die
Luft geschleudert wird**
그것은 공식 사회의 모든 초월적 계층이 공중으로 튀어나오지
않고는 스스로를 휘젓거나 일으켜 세울 수 없다

**Der Kampf des Proletariats mit der Bourgeoisie ist, wenn
auch nicht der Substanz nach, doch zunächst ein nationaler
Kampf**
비록 실질적으로는 아니지만, 형식적으로는 부르주아지와
프롤레타리아트의 투쟁은 처음에는 민족적 투쟁이다

**Das Proletariat eines jeden Landes muss natürlich vor allem
mit seiner eigenen Bourgeoisie abrechnen**
물론 각 나라의 프롤레타리아트는 무엇보다도 먼저 자신의
부르주아지와 문제를 해결해야 한다

Indem wir die allgemeinsten Phasen der Entwicklung des Proletariats schilderten, verfolgten wir den mehr oder weniger verhüllten Bürgerkrieg

프롤레타리아트 발전의 가장 일반적인 국면들을 묘사하면서, 우리는 다소 베일에 싸인 내전을 추적했다

Diese Zivilgesellschaft wütet in der bestehenden Gesellschaft

이 시민은 기존 사회에서 맹위를 떨치고 있습니다

Er wird bis zu dem Punkt wüten, an dem dieser Krieg in eine offene Revolution ausbricht

그것은 그 전쟁이 공개적인 혁명으로 발발하는 지점까지 맹위를 떨칠 것이다

und dann legt der gewaltsame Sturz der Bourgeoisie die Grundlage für die Herrschaft des Proletariats

그리고 부르주아지의 폭력적인 전복은 프롤레타리아트의 지배를 위한 토대를 마련한다

Bisher beruhte jede Gesellschaftsform, wie wir bereits gesehen haben, auf dem Antagonismus unterdrückender und unterdrückter Klassen

지금까지 사회의 모든 형태는 우리가 이미 살펴본 바와 같이 억압받는 계급과 억압받는 계급의 적대감에 기초해 왔다

Um aber eine Klasse zu unterdrücken, müssen ihr gewisse Bedingungen zugesichert werden

그러나 한 계급을 억압하기 위해서는 그 계급에게 특정한 조건들이 보장되어야 한다

Die Klasse muss unter Bedingungen gehalten werden, unter denen sie wenigstens ihre sklavische Existenz fortsetzen kann

계급은 적어도 노예적 존재를 계속할 수 있는 조건 아래 유지되어야 한다

Der Leibeigene erhob sich in der Zeit der Leibeigenschaft zum Mitglied der Kommune

농노 시대에 농노는 자신을 코뮌의 회원으로 키웠다

so wie es dem Kleinbourgeoisie unter dem Joch des feudalen Absolutismus gelang, sich zur Bourgeoisie zu entwickeln

소부르주아지가 봉건적 절대주의의 멍에를 짊어지고 부르주아지로 발전할 수 있었던 것처럼 말이다

Der moderne Arbeiter dagegen sinkt, anstatt sich mit dem Fortschritt der Industrie zu erheben, immer tiefer

반대로 현대의 노동자는 산업의 진보와 함께 상승하는 대신 점점 더 깊이 가라앉는다

Er sinkt unter die Existenzbedingungen seiner eigenen Klasse

그는 자기 계급의 존재 조건 아래로 가라앉는다

Er wird ein Bettler, und der Pauperismus entwickelt sich schneller als Bevölkerung und Reichtum

그는 빈민이 되고, 빈민은 인구와 부보다 더 빨리 발전한다

Und hier zeigt sich, dass die Bourgeoisie nicht mehr geeignet ist, die herrschende Klasse in der Gesellschaft zu sein

그리고 여기서 부르주아지가 더 이상 사회의 지배계급이 되기에 부적합하다는 것이 명백해진다

und sie ist ungeeignet, der Gesellschaft ihre Existenzbedingungen als übergeordnetes Gesetz aufzuzwingen

그리고 그 존재 조건을 사회에 우선적인 법으로 강요하는 것은 부적절하다

Sie ist unfähig zu herrschen, weil sie unfähig ist, ihrem Sklaven in seiner Sklaverei eine Existenz zu sichern

그것은 자신의 노예 안에서 노예의 존재를 보장하는 것이 무능하기 때문에 통치하기에 적합하지 않다

denn sie kann nicht anders, als ihn in einen solchen Zustand sinken zu lassen, daß sie ihn ernähren muss, statt von ihm gefüttert zu werden

왜냐하면, 그것은 그가 그런 상태에 빠지도록 내버려 두지 않을 수 없기 때문에, 그에게 먹이를 주는 대신 그를 먹여야 하기 때문이다

Die Gesellschaft kann nicht länger unter dieser Bourgeoisie leben
사회는 더 이상 이 부르주아 계급 아래서 살 수 없다

Mit anderen Worten, ihre Existenz ist nicht mehr mit der Gesellschaft vereinbar
즉, 그 존재는 더 이상 사회와 양립할 수 없다

Die wesentliche Bedingung für die Existenz und die Herrschaft der Bourgeoisie Klasse ist die Bildung und Vermehrung des Kapitals
부르주아지 계급의 존재와 지배를 위한 필수 조건은 자본의 형성과 증강이다

Die Bedingung für das Kapital ist Lohnarbeit
자본의 조건은 임금노동이다

Die Lohnarbeit beruht ausschließlich auf der Konkurrenz zwischen den Arbeitern
임금 노동은 전적으로 노동자들 사이의 경쟁에 의존한다

Der Fortschritt der Industrie, deren unfreiwilliger Förderer die Bourgeoisie ist, tritt an die Stelle der Isolierung der Arbeiter
부르주아지가 비자발적으로 촉진하는 산업의 발전은 노동자들의 고립을 대체한다

durch die Konkurrenz, durch ihre revolutionäre Kombination, durch die Assoziation
경쟁으로 인해, 그들의 혁명적인 조합으로 인해, 협회로 인해,

Die Entwicklung der modernen Industrie schneidet ihr die Grundlage unter den Füßen weg, auf der die Bourgeoisie Produkte produziert und sich aneignet
근대 산업의 발전은 부르주아지가 생산물을 생산하고 전유하는 바로 그 토대를 그 발밑에서 잘라낸다

Was die Bourgeoisie vor allem produziert, sind ihre eigenen Totengräber

부르주아지가 생산하는 것은 무엇보다도 그 자신의 무덤을 파는 사람들이다

Der Sturz der Bourgeoisie und der Sieg des Proletariats sind gleichermaßen unvermeidlich

부르주아지의 몰락과 프롤레타리아트의 승리는 똑같이 필연적이다

Proletarier und Kommunisten
프롤레타리아와 공산주의자

In welchem Verhältnis stehen die Kommunisten zu den Proletariern insgesamt?
공산주의자들은 프롤레타리아 전체와 어떤 관계를 맺고 있는가?

Die Kommunisten bilden keine eigene Partei, die anderen Arbeiterparteien entgegengesetzt ist
공산주의자들은 다른 노동계급 정당들에 대항하는 별도의 정당을 형성하지 않는다

Sie haben keine Interessen, die von denen des Proletariats als Ganzes getrennt und getrennt sind
그들은 프롤레타리아트 전체의 이해관계와 분리되거나 동떨어진 이해관계를 갖지 않는다

Sie stellen keine eigenen sektiererischen Prinzipien auf, nach denen sie die proletarische Bewegung formen und formen könnten
그들은 프롤레타리아 운동을 형성하고 틀 잡기 위해 그들 자신의 어떤 종파적 원칙도 세우지 않는다

Die Kommunisten unterscheiden sich von den anderen Arbeiterparteien nur durch zwei Dinge
공산주의자들이 다른 노동계급 정당들과 구별되는 점은 오직 두 가지뿐이다

Erstens: Sie weisen auf die gemeinsamen Interessen des gesamten Proletariats hin und bringen sie in den Vordergrund, unabhängig von jeder Nationalität
첫째, 그들은 모든 국적에 관계없이 전체 프롤레타리아트의 공통된 이해관계를 지적하고 전면에 내세운다

Das tun sie in den nationalen Kämpfen der Proletarier der verschiedenen Länder
그들은 다른 나라들의 프롤레타리아들의 민족적 투쟁에서 이것을 한다

Zweitens vertreten sie immer und überall die Interessen der gesamten Bewegung

둘째, 그들은 언제 어디서나 운동 전체의 이익을 대변한다

das tun sie in den verschiedenen Entwicklungsstadien, die der Kampf der Arbeiterklasse gegen die Bourgeoisie zu durchlaufen hat

그들은 부르주아지에 대항하는 노동계급의 투쟁이 거쳐야 하는 다양한 발전 단계들에서 이것을 한다

Die Kommunisten sind also auf der einen Seite praktisch der fortschrittlichste und entschiedenste Teil der Arbeiterparteien eines jeden Landes

그러므로 공산주의자들은 한편으로는 실천적으로 모든 나라의 노동계급 정당들 중에서 가장 진보적이고 단호한 분파이다

Sie sind der Teil der Arbeiterklasse, der alle anderen vorantreibt

그들은 다른 모든 것을 앞으로 나아가게 하는 노동계급의 한 부분이다

Theoretisch haben sie auch den Vorteil, dass sie die Marschlinie klar verstehen

이론적으로도 행진의 노선을 명확하게 이해할 수 있는 장점이 있다

Das verstehen sie besser im Vergleich zu der großen Masse des Proletariats

그들은 이것을 프롤레타리아트의 거대한 대중과 비교해 볼 때 더 잘 이해한다

Sie verstehen die Bedingungen und die letzten allgemeinen Ergebnisse der proletarischen Bewegung

그들은 프롤레타리아 운동의 조건들과 궁극적 일반적 결과들을 이해한다

Das unmittelbare Ziel des Kommunisten ist dasselbe wie das aller anderen proletarischen Parteien

공산주의자의 당면한 목표는 다른 모든 프롤레타리아 정당들의
목표와 동일하다

Ihr Ziel ist die Formierung des Proletariats zu einer Klasse
그들의 목표는 프롤레타리아트를 하나의 계급으로 형성하는
것이다

**sie zielen darauf ab, die Vorherrschaft der Bourgeoisie zu
stürzen**
그들은 부르주아지 우월주의를 전복하는 것을 목표로 한다

**das Streben nach politischer Machteroberung durch das
Proletariat**
프롤레타리아트의 정치권력 장악을 위한 투쟁

**Die theoretischen Schlußfolgerungen der Kommunisten
beruhen in keiner Weise auf Ideen oder Prinzipien der
Reformer**
공산주의자들의 이론적 결론은 결코 개혁가들의 사상이나
원칙에 근거한 것이 아니다

**es waren keine Möchtegern-Universalreformer, die die
theoretischen Schlussfolgerungen der Kommunisten
erfunden oder entdeckt haben**
공산주의자들의 이론적 결론을 발명하거나 발견한 것은 자칭
보편적 개혁가들이 아니었다

**Sie drücken lediglich in allgemeinen Begriffen tatsächliche
Verhältnisse aus, die aus einem bestehenden Klassenkampf
hervorgehen**
그것들은 단지 일반적인 용어로 현존하는 계급투쟁으로부터
솟아나는 실제적 관계들을 표현할 뿐이다

**Und sie beschreiben die historische Bewegung, die sich
unter unseren Augen abspielt und die diesen Klassenkampf
hervorgebracht hat**
그리고 그것들은 바로 이 계급투쟁을 만들어낸 바로 우리의
눈앞에서 진행되고 있는 역사적 운동을 묘사한다

**Die Abschaffung bestehender Eigentumsverhältnisse ist
keineswegs ein charakteristisches Merkmal des
Kommunismus**

현존하는 소유 관계의 폐지는 공산주의의 특징이 전혀 아니다

**Alle Eigentumsverhältnisse in der Vergangenheit waren
einem ständigen historischen Wandel unterworfen**

과거의 모든 재산 관계는 끊임없이 역사적 변화를 겪어왔다

**Und diese Veränderungen waren eine Folge der
Veränderung der historischen Bedingungen**

그리고 이러한 변화는 역사적 조건의 변화의 결과였다

**Die Französische Revolution zum Beispiel schaffte das
Feudaleigentum zugunsten des Bourgeoisie Eigentums ab**

예를 들어, 프랑스 혁명은 부르주아지 소유를 위해 봉건적
소유를 폐지했다

**Das Unterscheidungsmerkmal des Kommunismus ist nicht
die Abschaffung des Eigentums im Allgemeinen**

공산주의의 두드러진 특징은 일반적으로 재산의 폐지가 아니다

**aber das Unterscheidungsmerkmal des Kommunismus ist
die Abschaffung des Bourgeoisie Eigentums**

그러나 공산주의의 두드러진 특징은 부르주아지 소유의
폐지이다

**Aber das Privateigentum der modernen Bourgeoisie ist der
letzte und vollständigste Ausdruck des Systems der
Produktion und Aneignung von Produkten**

그러나 현대 부르주아지의 사적 소유는 생산물을 생산하고
전유하는 체계의 최종적이고 가장 완전한 표현이다

**Es ist der Endzustand eines Systems, das auf
Klassengegensätzen beruht, wobei der
Klassenantagonismus die Ausbeutung der Vielen durch die
Wenigen ist**

그것은 계급 적대감에 기초한 체제의 최종 상태이며, 여기서
계급 적대는 소수에 의한 다수의 착취이다

In diesem Sinne läßt sich die Theorie der Kommunisten in einem einzigen Satz zusammenfassen; die Abschaffung des Privateigentums

이런 의미에서 공산주의자들의 이론은 한 문장으로 요약될 수 있다. 사유재산의 폐지

Uns Kommunisten hat man vorgeworfen, das Recht auf persönlichen Eigentumserwerb abschaffen zu wollen

우리 공산주의자들은 개인적으로 재산을 취득할 수 있는 권리를 폐지하려는 욕망으로 비난을 받아 왔다

Es wird behauptet, dass diese Eigenschaft die Frucht der eigenen Arbeit eines Menschen ist

이 재산은 인간 자신의 노동의 결실이라고 주장됩니다

Und diese Eigenschaft soll die Grundlage aller persönlichen Freiheit, Aktivität und Unabhängigkeit sein.

그리고 이 재산은 모든 개인의 자유, 활동 및 독립의 기초라고 주장됩니다.

"Hart erkämpftes, selbst erworbenes, selbst verdientes Eigentum!"

"힘들게 얻고, 스스로 얻고, 스스로 얻은 재산!"

Meinst du das Eigentum des kleinen Handwerkers und des Kleinbauern?

하찮은 장인과 소작농의 재산을 말하는 것인가?

Meinen Sie eine Form des Eigentums, die der Bourgeoisie Form vorausging?

부르주아지 형태 이전의 소유 형태를 말하는 것인가?

Es ist nicht nötig, sie abzuschaffen, die Entwicklung der Industrie hat sie zum großen Teil bereits zerstört

그것을 폐지할 필요는 없으며, 산업의 발전은 이미 상당 부분 그것을 파괴했습니다

Und die Entwicklung der Industrie zerstört sie immer noch täglich

그리고 산업의 발전은 여전히 매일 그것을 파괴하고 있습니다

Oder meinen Sie das moderne Bourgeoisie Privateigentum?

아니면 현대 부르주아지의 사유재산을 말하는 것인가?

Aber schafft die Lohnarbeit irgendein Eigentum für den Arbeiter?

그러나 임금노동이 노동자를 위한 어떤 재산을 창출하는가?

Nein, die Lohnarbeit schafft nicht ein bisschen von dieser Art von Eigentum!

아니, 임금 노동은 이런 종류의 재산을 조금도 창출하지 않는다!

Was Lohnarbeit schafft, ist Kapital; jene Art von Eigentum, das Lohnarbeit ausbeutet

임금노동이 창출하는 것은 자본이다. 임금 노동을 착취하는 그런 종류의 소유

Das Kapital kann sich nur unter der Bedingung vermehren, daß es ein neues Angebot an Lohnarbeit für neue Ausbeutung erzeugt

자본은 새로운 착취를 위한 임금 노동의 새로운 공급을 낳는 조건을 제외하고는 증가할 수 없다

Das Eigentum in seiner jetzigen Form beruht auf dem Antagonismus von Kapital und Lohnarbeit

현재의 형태에서 소유는 자본과 임금 노동의 적대관계에 기초하고 있다

Betrachten wir beide Seiten dieses Antagonismus

이 적대감의 양면을 모두 살펴보자

Kapitalist zu sein bedeutet nicht nur, einen rein persönlichen Status zu haben

자본가가 된다는 것은 순전히 개인적 지위를 갖는 것만이 아니다

Stattdessen bedeutet Kapitalist zu sein auch, einen sozialen Status in der Produktion zu haben

오히려, 자본가가 된다는 것은 생산에서 사회적 지위를 갖는 것이기도 하다

weil Kapital ein kollektives Produkt ist; Nur durch das gemeinsame Handeln vieler Mitglieder kann sie in Gang gesetzt werden

자본은 집합적 산물이기 때문이다. 많은 회원들의 연합된
행동에 의해서만 그것이 움직일 수 있다

**Aber dieses gemeinsame Handeln ist der letzte Ausweg und
erfordert eigentlich alle Mitglieder der Gesellschaft**

그러나 이 단합된 행동은 최후의 수단이며, 실제로 모든 사회
구성원을 필요로 한다

**Das Kapital verwandelt sich in das Eigentum aller
Mitglieder der Gesellschaft**

자본은 사회의 모든 구성원의 소유물로 전환된다

**aber das Kapital ist also keine persönliche Macht; Es ist eine
gesellschaftliche Macht**

그러나 그러므로 자본은 개인적 힘이 아니다. 그것은 사회적
권력이다

**Wenn also Kapital in gesellschaftliches Eigentum
umgewandelt wird, so verwandelt sich dadurch nicht
persönliches Eigentum in gesellschaftliches Eigentum**

따라서 자본이 사회적 소유로 전환될 때, 개인 소유는 사회적
소유로 전환되지 않는다

**Nur der gesellschaftliche Charakter des Eigentums wird
verändert und verliert seinen Klassencharakter**

단지 재산의 사회적 성격만이 변하고, 그 계급적 성격을 잃는다

Betrachten wir nun die Lohnarbeit

이제 임금 노동을 살펴보자

**Der Durchschnittspreis der Lohnarbeit ist der Mindestlohn,
d.h. das Quantum der Lebensmittel**

임금 노동의 평균 가격은 최저 임금, 즉 생존 수단의 양이다

**Dieser Lohn ist für die bloße Existenz als Arbeiter absolut
notwendig**

이 임금은 노동자로서 맨몸으로 살아가는 데 절대적으로
필요하다

**Was sich also der Lohnarbeiter durch seine Arbeit aneignet,
genügt nur, um ein bloßes Dasein zu verlängern und zu
reproduzieren**

그러므로 임금 노동자가 자신의 노동을 통해 전유하는 것은 단지 벌거벗은 존재를 연장하고 재생산하는 데 충분할 뿐이다

Wir beabsichtigen keineswegs, diese persönliche Aneignung der Arbeitsprodukte abzuschaffen

우리는 노동 생산물에 대한 이러한 개인적 전유를 결코 폐지할 생각이 없다

eine Aneignung, die für die Erhaltung und Reproduktion des menschlichen Lebens bestimmt ist

인간 생명의 유지와 재생산을 위한 세출

Eine solche persönliche Aneignung der Arbeitsprodukte lässt keinen Überschuss übrig, mit dem man die Arbeit anderer befehlen könnte

노동 생산물에 대한 그러한 개인적 전유는 다른 사람들의 노동을 명령할 수 있는 잉여를 남기지 않는다

Alles, was wir beseitigen wollen, ist der erbärmliche Charakter dieser Aneignung

우리가 없애고 싶은 것은 이 전유의 비참한 성격뿐이다

die Aneignung, unter der der Arbeiter lebt, bloß um das Kapital zu vermehren

노동자가 단지 자본을 늘리기 위해 살아가는 전유

Er darf nur leben, soweit es das Interesse der herrschenden Klasse erfordert

인간은 지배계급의 이익이 요구하는 범위 내에서만 살 수 있다

In der Bourgeoisie Gesellschaft ist die lebendige Arbeit nur ein Mittel, um die akkumulierte Arbeit zu vermehren

부르주아 사회에서 살아있는 노동은 축적된 노동을 늘리기 위한 수단에 불과하다

In der kommunistischen Gesellschaft ist die akkumulierte Arbeit nur ein Mittel, um die Existenz des Arbeiters zu erweitern, zu bereichern und zu fördern

공산주의 사회에서 축적된 노동은 노동자의 존재를 확대하고, 풍요롭게 하고, 증진하기 위한 수단에 불과하다

In der Bourgeoisie Gesellschaft dominiert daher die Vergangenheit die Gegenwart

그러므로 부르주아 사회에서는 과거가 현재를 지배한다

In der kommunistischen Gesellschaft dominiert die Gegenwart die Vergangenheit

공산주의 사회에서는 현재가 과거를 지배한다

In der Bourgeoisie Gesellschaft ist das Kapital unabhängig und hat Individualität

부르주아 사회에서 자본은 독립적이며 개성을 갖는다

In der Bourgeoisie Gesellschaft ist der lebende Mensch abhängig und hat keine Individualität

부르주아 사회에서 살아 있는 사람은 의존적이며 개성이 없다

Und die Abschaffung dieses Zustandes wird von der Bourgeoisie als Abschaffung der Individualität und Freiheit bezeichnet!

그리고 이러한 상태의 폐지는 부르주아지에 의해 개성과 자유의 폐지라고 불린다!

Und man nennt sie mit Recht die Abschaffung von Individualität und Freiheit!

그리고 그것은 개성과 자유의 폐지라고 부르는 것이 옳다!

Der Kommunismus strebt die Abschaffung der Bourgeoisie Individualität an

공산주의는 부르주아지 개인성의 폐지를 목표로 한다

Der Kommunismus strebt die Abschaffung der Unabhängigkeit der Bourgeoisie an

공산주의는 부르주아 독립의 폐지를 지향한다

Die BourgeoisieFreiheit ist zweifellos das, was der Kommunismus anstrebt

부르주아지의 자유는 의심할 여지 없이 공산주의가 목표로 삼고 있는 것이다

unter den gegenwärtigen Bourgeoisie Produktionsbedingungen bedeutet Freiheit freien Handel, freien Verkauf und freien Kauf

현재의 부르주아지 생산조건 하에서 자유는 자유무역, 자유로운 판매와 구매를 의미한다

Aber wenn das Verkaufen und Kaufen verschwindet, verschwindet auch das freie Verkaufen und Kaufen

그러나 팔고 사는 것이 사라지면 자유로운 팔고 사는 것도 사라진다

"Mutige Worte" der Bourgeoisie über den freien Verkauf und Kauf haben nur eine begrenzte Bedeutung

자유로운 판매와 구매에 대한 부르주아지의 "용감한 말"은 제한된 의미에서만 의미를 갖는다

Diese Worte haben nur im Gegensatz zu eingeschränktem Verkauf und Kauf eine Bedeutung

이 단어들은 제한된 판매 및 구매와 대조되는 의미를 갖습니다

und diese Worte haben nur dann eine Bedeutung, wenn sie auf die gefesselten Händler des Mittelalters angewandt werden

그리고 이 단어들은 중세의 속박된 상인들에게 적용될 때에만 의미가 있다

und das setzt voraus, dass diese Worte überhaupt eine Bedeutung im Bourgeoisie Sinne haben

그리고 그것은 이 단어들이 부르주아적 의미에서도 의미를 갖는다고 가정한다

aber diese Worte haben keine Bedeutung, wenn sie gebraucht werden, um sich gegen die kommunistische Abschaffung des Kaufens und Verkaufens zu wehren

그러나 이 단어들이 공산주의의 사고 파는 폐지에 반대하기 위해 사용될 때는 아무런 의미가 없다

die Worte haben keine Bedeutung, wenn sie gebraucht werden, um sich gegen die Abschaffung der Bourgeoisie Produktionsbedingungen zu wehren

그 단어들은 폐지되는 부르주아지의 생산조건에 반대하기 위해 사용될 때 아무런 의미를 갖지 못한다

und sie haben keine Bedeutung, wenn sie benutzt werden, um sich gegen die Abschaffung der Bourgeoisie selbst zu wehren

그리고 그것들이 부르주아지 계급 자체가 폐지되는 것에 반대하는 데 사용될 때 그것들은 아무런 의미가 없다

Sie sind entsetzt über unsere Absicht, das Privateigentum abzuschaffen

당신은 사유 재산을 없애려는 우리의 의도에 경악하고 있습니다

Aber in eurer jetzigen Gesellschaft ist das Privateigentum für neun Zehntel der Bevölkerung bereits abgeschafft

그러나 현존하는 사회에서는 인구의 10분의 9에 해당하는 사유재산이 이미 폐지되었다

Die Existenz des Privateigentums für einige wenige beruht einzig und allein darauf, dass es in den Händen von neun Zehnteln der Bevölkerung nicht existiert

소수를 위한 사유재산의 존재는 오로지 인구의 10분의 9의 수중에 사유재산이 존재하지 않기 때문이다

Sie werfen uns also vor, daß wir eine Form des Eigentums abschaffen wollen

그러므로 당신은 재산의 형태를 없애려는 의도로 우리를 비난합니다

Aber das Privateigentum erfordert für die ungeheure Mehrheit der Gesellschaft die Nichtexistenz jeglichen Eigentums

그러나 사유 재산은 사회의 대다수를 위해 어떤 재산도 존재하지 않는 것을 필요로 한다

Mit einem Wort, Sie werfen uns vor, daß wir Ihr Eigentum beseitigen wollen

한마디로 말하자면, 당신들은 당신들의 재산을 없애려고 우리를 비난합니다

Und genau so ist es; Ihr Eigentum abzuschaffen, ist genau das, was wir beabsichtigen

그리고 그것은 정확히 그렇다. 귀하의 재산을 없애는 것은
우리가 의도하는 것입니다

**Von dem Augenblick an, wo die Arbeit nicht mehr in
Kapital, Geld oder Rente verwandelt werden kann**

노동이 더 이상 자본, 화폐, 지대 등으로 전환될 수 없는
순간부터

**wenn die Arbeit nicht mehr in eine gesellschaftliche Macht
umgewandelt werden kann, die monopolisiert werden kann**

노동이 더 이상 독점할 수 있는 사회적 권력으로 전환될 수 없을
때

**von dem Augenblick an, wo das individuelle Eigentum
nicht mehr in Bourgeoisie Eigentum verwandelt werden
kann**

개인의 소유가 더 이상 부르주아지의 소유로 변형될 수 없는
순간부터

**von dem Augenblick an, wo das individuelle Eigentum
nicht mehr in Kapital verwandelt werden kann**

개인의 소유가 더 이상 자본으로 전환될 수 없는 순간부터

**Von diesem Moment an sagst du, dass die Individualität
verschwindet**

그 순간부터 개성이 사라진다고 하잖아요

**Sie müssen also gestehen, daß Sie mit »Individuum« keine
andere Person meinen als die Bourgeoisie**

그러므로 당신은 "개인"이라는 말이 부르주아지 이외의 다른
사람을 의미하지 않는다는 것을 고백해야 한다

**Sie müssen zugeben, dass es sich speziell auf den
Bourgeoisie Eigentümer von Immobilien bezieht**

구체적으로 중산층의 재산 소유자를 지칭한다는 것을 고백해야
합니다

**Diese Person muss in der Tat aus dem Weg geräumt und
unmöglich gemacht werden**

이 사람은 반드시 길에서 쓸려나가야 하며, 불가능하게
만들어야 한다

Der Kommunismus beraubt niemanden der Macht, sich die Produkte der Gesellschaft anzueignen

공산주의는 사회의 생산물을 전유할 수 있는 힘을 어느
누구에게도 빼앗지 않는다

Alles, was der Kommunismus tut, ist, ihm die Macht zu nehmen, die Arbeit anderer durch eine solche Aneignung zu unterjochen

공산주의가 하는 모든 것은 그러한 전유를 통해 다른 사람들의
노동을 예속시킬 수 있는 권력을 공산주의에게서 박탈하는
것이다

Man hat eingewendet, daß mit der Abschaffung des Privateigentums alle Arbeit aufhören werde

사유 재산이 폐지되면 모든 사업이 중단될 것이라는 주장이
제기되어 왔다

Und dann wird suggeriert, dass uns die universelle Faulheit überwältigen wird

그리고 보편적인 게으름이 우리를 따라잡을 것이라고
제안됩니다

Demnach hätte die BourgeoisieGesellschaft schon längst vor lauter Müßiggang vor die Hunde gehen müssen

이에 따르면, 부르주아 사회는 진작에 순전히 게으름을 통해
개들에게 갔어야 했다

denn diejenigen ihrer Mitglieder, die arbeiten, erwerben nichts

그 지체들 중에서 일하는 자들은 아무것도 얻지 못하기
때문이다

und diejenigen von ihren Mitgliedern, die etwas erwerben, arbeiten nicht

그리고 그 구성원 중 무엇이든 얻은 사람들은 일하지 않습니다

Der ganze Einwand ist nur ein weiterer Ausdruck der Tautologie

이 반론의 전부는 동어반복의 또 다른 표현일 뿐이다

Es kann keine Lohnarbeit mehr geben, wenn es kein Kapital mehr gibt

더 이상 자본이 없을 때 더 이상 임금 노동이 있을 수 없다

Es gibt keinen Unterschied zwischen materiellen und mentalen Produkten

물질적 산물과 정신적 산물 사이에는 차이가 없습니다

Der Kommunismus schlägt vor, dass beides auf die gleiche Weise produziert wird

공산주의는 이 두 가지가 같은 방식으로 생산된다고 주장한다

aber die Einwände gegen die kommunistischen Produktionsweisen sind dieselben

그러나 공산주의적 생산 방식에 대한 반대는 동일하다

Für die Bourgeoisie ist das Verschwinden des Klasseneigentums das Verschwinden der Produktion selbst

부르주아지에게 계급 소유의 소멸은 생산 자체의 소멸이다

So ist für ihn das Verschwinden der Klassenkultur identisch mit dem Verschwinden aller Kultur

그래서 그에게 계급 문화의 소멸은 모든 문화의 소멸과 동일하다

Diese Kultur, deren Verlust er beklagt, ist für die überwiegende Mehrheit ein bloßes Training, um als Maschine zu agieren

그가 한탄하는 그 문화는 대다수에게 기계처럼 행동하기 위한 훈련에 불과하다

Die Kommunisten haben die Absicht, die Kultur des Bourgeoisie Eigentums abzuschaffen

공산주의자들은 부르주아지 소유의 문화를 폐지할 것을 매우 의도한다

Aber zankt euch nicht mit uns, solange ihr den Maßstab
eurer Bourgeoisie Vorstellungen von Freiheit, Kultur, Recht
usw. anlegt

그러나 자유, 문화, 법 등에 대한 부르주아지 개념의 기준을
적용하는 한 우리와 논쟁하지 마십시오

Eure Ideen selbst sind nur die Auswüchse der Bedingungen
eurer Bourgeoisie Produktion und eures Bourgeoisie
Eigentums

당신들의 생각 자체는 당신들의 부르주아지 생산조건과
부르주아지 소유조건의 산물일 뿐이다

so wie eure Jurisprudenz nichts anderes ist als der Wille
eurer Klasse, der zum Gesetz für alle gemacht wurde

너희의 법학이 너희 계급의 뜻이 모두를 위한 법으로 만들어진
것에 불과한 것처럼 말이다

Der wesentliche Charakter und die Richtung dieses Willens
werden durch die ökonomischen Bedingungen bestimmt,
die Ihre soziale Klasse schafft

이 의지의 본질적 성격과 방향은 너희의 사회계급이 만들어내는
경제적 조건들에 의해 결정된다

Der selbstsüchtige Irrtum, der dich veranlaßt, soziale
Formen in ewige Gesetze der Natur und der Vernunft zu
verwandeln

사회적 형태를 자연과 이성의 영원한 법칙으로 변형시키도록
너희를 유도하는 이기적인 오해

die gesellschaftlichen Formen, die aus eurer gegenwärtigen
Produktionsweise und Eigentumsform entspringen

현재의 생산양식과 소유양식에서 비롯된 사회적 형태

historische Beziehungen, die im Fortschritt der Produktion
auf- und verschwinden

생산의 과정에서 오르락내리락하는 역사적 관계

Dieses Missverständnis teilt ihr mit jeder herrschenden
Klasse, die euch vorausgegangen ist

당신들은 이 오해를 당신들 이전의 모든 지배계급과 공유하고 있다

Was Sie bei antikem Eigentum klar sehen, was Sie bei feudalem Eigentum zugeben

고대 재산의 경우 분명히 볼 수 있는 것, 봉건 재산의 경우 인정하는 것

diese Dinge dürfen Sie natürlich nicht zugeben, wenn es sich um Ihre eigene BourgeoisieEigentumsform handelt

물론 이러한 것들은 당신 자신의 부르주아지 소유 형태에 대해서는 인정할 수 없다

Abschaffung der Familie! Selbst die Radikalsten entrüsten sich über diesen infamen Vorschlag der Kommunisten

가족의 폐지! 심지어 가장 급진적인 공산주의자들의 이 악명 높은 제안에 불타오르고 있다

Auf welcher Grundlage beruht die heutige Familie, die BourgeoisieFamilie?

현재의 가족, 부르주아 가족은 어떤 기초 위에 세워져 있는가?

Die Gründung der heutigen Familie beruht auf Kapital und privatem Gewinn

현재 가족의 기초는 자본과 사적 이익에 기초하고 있다

In ihrer voll entwickelten Form existiert diese Familie nur unter der Bourgeoisie

완전히 발전된 형태로, 이 가족은 부르주아 계급 사이에서만 존재한다

Dieser Zustand der Dinge findet seine Ergänzung in der praktischen Abwesenheit der Familie bei den Proletariern

이러한 상황은 프롤레타리아들 사이에 가족의 실제적인 부재에서 그 보완을 발견한다

Dieser Zustand ist in der öffentlichen Prostitution zu finden

이러한 상황은 공개적인 매춘에서 찾아볼 수 있다

Die BourgeoisieFamilie wird wie selbstverständlich verschwinden, wenn ihr Komplement verschwindet

부르주아 가문은 그 보완물이 사라질 때 당연히 사라질 것이다

Und beides wird mit dem Verschwinden des Kapitals verschwinden

그리고 이 두 가지 의지는 자본의 소멸과 함께 사라질 것이다

Werfen Sie uns vor, dass wir die Ausbeutung von Kindern durch ihre Eltern stoppen wollen?

부모에 의한 아동 착취를 중단하고 싶다고 우리를 비난합니까?

Diesem Verbrechen bekennen wir uns schuldig

우리는 이 범죄에 대해 유죄를 인정합니다

Aber, werden Sie sagen, wir zerstören die heiligsten Beziehungen, wenn wir die häusliche Erziehung durch die soziale Erziehung ersetzen

그러나 그대는 말하기를, 우리가 가정 교육을 사회 교육으로 대체할 때, 우리는 가장 신성한 관계를 파괴한다

Ist Ihre Erziehung nicht auch sozial? Und wird sie nicht von den gesellschaftlichen Bedingungen bestimmt, unter denen man erzieht?

너희의 교육도 사회적이지 않느냐? 그리고 그것은 너희가 교육하는 사회적 조건에 의해 결정되지 않느냐?

durch direkte oder indirekte Eingriffe in die Gesellschaft, durch Schulen usw.

직접적이든 간접적이든 사회의 개입, 학교 등을 통해

Die Kommunisten haben die Einmischung der Gesellschaft in die Erziehung nicht erfunden

공산주의자들은 교육에 대한 사회의 개입을 발명하지 않았다

Sie versuchen lediglich, den Charakter dieses Eingriffs zu ändern

그들은 단지 그 개입의 성격을 바꾸려고 할 뿐이다

Und sie versuchen, das Bildungswesen vor dem Einfluss der herrschenden Klasse zu retten

그리고 그들은 지배 계급의 영향으로부터 교육을 구출하려고 애쓴다

Die Bourgeoisie spricht von der geheiligten Beziehung von Eltern und Kind

부르주아지는 부모와 자식의 신성한 상호관계에 대해 이야기한다

aber dieses Geschwätz über die Familie und die Erziehung wird um so widerwärtiger, wenn wir die moderne Industrie betrachten

그러나 가족과 교육에 대한 이러한 덪은 현대 산업을 볼 때 더욱 역겨워집니다

Alle Familienbande unter den Proletariern werden durch die moderne Industrie zerrissen

프롤레타리아들 사이의 모든 가족 유대는 현대 산업에 의해 산산조각이 난다

ihre Kinder werden zu einfachen Handelsartikeln und Arbeitsinstrumenten

그들의 자녀들은 단순한 상업 물품과 노동 도구로 변형된다

Aber ihr Kommunisten würdet eine Gemeinschaft von Frauen schaffen, schreit die ganze Bourgeoisie im Chor

그러나 당신들 공산주의자들은 부르주아 계급 전체를 합창으로 외치며 여성들의 공동체를 만들 것이다

Die Bourgeoisie sieht in seiner Frau ein bloßes Produktionsinstrument

부르주아 계급은 그의 아내에게서 단순한 생산의 도구만을 본다

Er hört, dass die Produktionsmittel von allen ausgebeutet werden sollen

그는 생산수단이 모든 사람에 의해 착취되어야 한다는 말을 듣는다

Und natürlich kann er zu keinem anderen Schluß kommen, als daß das Los, allen gemeinsam zu sein, auch den Frauen zufallen wird

그리고 자연스럽게, 그는 모든 사람에게 공통적인 것의 몫이
마찬가지로 여자들에게도 떨어질 것이라는 것 외에 다른 결론에
도달할 수 없다

Er hat nicht einmal den geringsten Verdacht, dass es in
Wirklichkeit darum geht, die Stellung der Frau als bloße
Produktionsinstrumente abzuschaffen

그는 진정한 요점이 단순한 생산 도구로서의 여성의 지위를
없애는 것이라는 점을 의심조차 하지 않는다

Im übrigen ist nichts lächerlicher als die tugendhafte
Empörung unserer Bourgeoisie über die Gemeinschaft der
Frauen

나머지는 여성 공동체에 대한 우리 부르주아지의 고결한
분노보다 더 우스꽝스러운 것은 없다

sie tun so, als ob sie von den Kommunisten offen und
offiziell eingeführt werden sollte

그들은 그것이 공산주의자들에 의해 공개적으로 그리고
공식적으로 수립된 것처럼 가장한다

Die Kommunisten haben es nicht nötig, die Gemeinschaft
der Frauen einzuführen, sie existiert fast seit undenklichen
Zeiten

공산주의자들은 여성 공동체를 도입할 필요가 없으며, 그것은
거의 태곳적부터 존재해 왔다

Unsere Bourgeoisie begnügt sich nicht damit, die Frauen
und Töchter ihrer Proletarier zur Verfügung zu haben

우리의 부르주아지는 그들의 프롤레타리아트의 아내와 딸들을
마음대로 사용할 수 있는 것에 만족하지 않는다

Sie haben das größte Vergnügen daran, ihre Frauen
gegenseitig zu verführen

그들은 서로의 아내를 유혹하는 데서 가장 큰 기쁨을 느낀다

Und das ist noch nicht einmal von gewöhnlichen
Prostituierten zu sprechen

그리고 그것은 일반적인 매춘부에 대해서는 말할 것도 없다

Die BourgeoisieEhe ist in Wirklichkeit ein System gemeinsamer Ehefrauen

부르주아지의 결혼은 실제로 공통된 아내들의 체계이다

dann gibt es eine Sache, die man den Kommunisten vielleicht vorwerfen könnte

그렇다면 공산주의자들이 비난받을 수 있는 한 가지가 있다

Sie wollen eine offen legalisierte Gemeinschaft von Frauen einführen

그들은 공개적으로 합법화된 여성 공동체를 소개하기를 원한다

statt einer heuchlerisch verhüllten Gemeinschaft von Frauen

위선적으로 은폐된 여성 공동체가 아니라

Die Gemeinschaft der Frauen, die aus dem Produktionssystem hervorgegangen ist

생산 시스템에서 솟아나는 여성들의 공동체

Schafft das Produktionssystem ab, und ihr schafft die Gemeinschaft der Frauen ab

생산체제를 폐지하고, 여성공동체를 폐지하라

Sowohl die öffentliche Prostitution als auch die private Prostitution wird abgeschafft

공적 매춘과 사적 매춘 모두 폐지된다

Den Kommunisten wird noch dazu vorgeworfen, sie wollten Länder und Nationalitäten abschaffen

공산주의자들은 국가와 민족을 폐지하기를 원하기 때문에 더욱 비난을 받고 있다

Die Arbeiter haben kein Vaterland, also können wir ihnen nicht nehmen, was sie nicht haben

노동자들에게는 조국이 없기 때문에 우리는 그들이 갖지 못한 것을 빼앗을 수 없다

Das Proletariat muss vor allem die politische Herrschaft erlangen

프롤레타리아트는 무엇보다도 먼저 정치적 우위를 획득해야 한다

Das Proletariat muss sich zur führenden Klasse der Nation erheben

프롤레타리아트는 민족의 지도계급으로 부상해야 한다

Das Proletariat muss sich zur Nation konstituieren

프롤레타리아트는 스스로를 민족으로 구성해야 한다

sie ist bis jetzt selbst national, wenn auch nicht im Bourgeoisie Sinne des Wortes

그것은 아직까지는 그 자체로 민족적이지만, 부르주아적 의미에서는 아니다

Nationale Unterschiede und Gegensätze zwischen den Völkern verschwinden täglich mehr und mehr

민족 간의 민족적 차이와 적대감은 날이 갈수록 점점 더 사라지고 있다

der Entwicklung der Bourgeoisie, der Freiheit des Handels, des Weltmarktes

부르주아지의 발전, 상업의 자유, 세계 시장

zur Gleichförmigkeit der Produktionsweise und der ihr entsprechenden Lebensbedingungen

생산양식과 그에 상응하는 생활조건의 균일성

Die Herrschaft des Proletariats wird sie noch schneller verschwinden lassen

프롤레타리아트의 우월성은 그들을 더욱 빨리 사라지게 할 것이다

Die einheitliche Aktion, wenigstens der führenden zivilisierten Länder, ist eine der ersten Bedingungen für die Befreiung des Proletariats

적어도 주요 문명국가들의 단결된 행동은 프롤레타리아트의 해방을 위한 첫 번째 조건들 중 하나이다

In dem Maße, wie der Ausbeutung eines Individuums durch ein anderes ein Ende gesetzt wird, wird auch der Ausbeutung einer Nation durch eine andere ein Ende gesetzt.

한 개인이 다른 개인을 착취하는 것이 종식되는 것에 비례하여, 한 민족이 다른 민족을 착취하는 것도 종식될 것이다

In dem Maße, wie der Antagonismus zwischen den Klassen innerhalb der Nation verschwindet, wird die Feindschaft einer Nation gegen die andere ein Ende haben

그 나라 내의 계급들 사이의 적대감이 사라지는 것에 비례하여, 한 나라가 다른 나라를 적대시하는 것도 끝날 것이다

Die Anschuldigungen gegen den Kommunismus, die von einem religiösen, philosophischen und allgemein von einem ideologischen Standpunkt aus erhoben werden, verdienen keine ernsthafte Prüfung

공산주의에 대한 종교적, 철학적, 그리고 일반적으로 이데올로기적 견지에서 제기된 비난은 진지하게 검토할 가치가 없다

Braucht es eine tiefe Intuition, um zu begreifen, dass sich die Ideen, Ansichten und Vorstellungen des Menschen mit jeder Veränderung der Bedingungen seiner materiellen Existenz ändern?

인간의 관념, 견해, 개념이 물질적 존재 조건이 바뀔 때마다 변한다는 것을 이해하려면 깊은 직관이 필요한가?

Ist es nicht offensichtlich, dass das Bewusstsein des Menschen sich Verändert, wenn seine sozialen Beziehungen und sein soziales Leben ändern?

사람의 사회적 관계와 사회생활이 바뀔 때 사람의 의식도 바뀌는 것은 분명하지 않은가?

Was beweist die Ideengeschichte anderes, als daß die geistige Produktion ihren Charakter in dem Maße ändert, wie die materielle Produktion verändert wird?

관념의 역사가 증명하는 것은, 물질적 생산이 변화함에 따라 지적 생산이 그 성격을 변화시킨다는 것 이외에 무엇인가?

Die herrschenden Ideen eines jeden Zeitalters waren immer die Ideen seiner herrschenden Klasse

각 시대의 지배 사상은 언제나 그 지배 계급의 사상이었다

Wenn Menschen von Ideen sprechen, die die Gesellschaft revolutionieren, drücken sie nur eine Tatsache aus

사람들이 사회를 혁신하는 사상에 대해 말할 때, 그들은 단지 한 가지 사실을 표현할 뿐이다

Innerhalb der alten Gesellschaft wurden die Elemente einer neuen geschaffen

낡은 사회 안에는 새로운 사회의 요소들이 창조되어 왔다

und daß die Auflösung der alten Ideen mit der Auflösung der alten Daseinsverhältnisse Schritt hält

그리고 낡은 관념의 해체는 낡은 실존 조건의 해체와 보조를 맞춘다

Als die Antike in den letzten Zügen lag, wurden die alten Religionen vom Christentum überwunden

고대 세계가 최후의 진통을 겪고 있을 때, 고대 종교들은 그리스도교에 의해 정복되었다

Als die christlichen Ideen im 18. Jahrhundert den rationalistischen Ideen erlagen, kämpfte die feudale Gesellschaft ihren Todeskampf mit der damals revolutionären Bourgeoisie

18세기에 기독교 사상이 합리주의 사상에 굴복했을 때, 봉건 사회는 당시 혁명적 부르주아 계급과 사투를 벌였다

Die Ideen der Religions- und Gewissensfreiheit brachten lediglich die Herrschaft des freien Wettbewerbs auf dem Gebiet des Wissens zum Ausdruck

종교의 자유와 양심의 자유라는 관념은 지식의 영역 안에서 자유 경쟁의 영향력을 표현했을 뿐이다

"Zweifellos", wird man sagen, "sind religiöse, moralische, philosophische und juristische Ideen im Laufe der geschichtlichen Entwicklung modifiziert worden"

"의심할 여지 없이, 종교적, 도덕적, 철학적, 법적 관념들이 역사 발전 과정에서 수정되었다"고 말할 것이다

"Aber Religion, Moralphilosophie, Politikwissenschaft und Recht überlebten diesen Wandel ständig."

"그러나 종교, 도덕, 철학, 정치학, 법학은 이러한 변화에서 끊임없이 살아남았다"

"Es gibt auch ewige Wahrheiten, wie Freiheit, Gerechtigkeit usw."

"자유, 정의 등과 같은 영원한 진리도 있습니다."

"Diese ewigen Wahrheiten sind allen Zuständen der Gesellschaft gemeinsam"

"이 영원한 진리는 사회의 모든 상태에 공통되어 있습니다."

"Aber der Kommunismus schafft die ewigen Wahrheiten ab, er schafft alle Religion und alle Moral ab."

"그러나 공산주의는 영원한 진리를 폐지하고, 모든 종교와 모든 도덕을 폐지한다"

"Sie tut dies, anstatt sie auf einer neuen Grundlage zu konstituieren"

"그것은 그것들을 새로운 기초 위에 구성하는 대신 이것을 한다"

"Sie handelt daher im Widerspruch zu allen bisherigen historischen Erfahrungen"

"그러므로 그것은 과거의 모든 역사적 경험과 모순되는 행동을 한다"

Worauf reduziert sich dieser Vorwurf?

이 비난은 무엇으로 축소되는가?

Die Geschichte aller vergangenen Gesellschaften hat in der Entwicklung von Klassengegensätzen bestanden

과거의 모든 사회의 역사는 계급 적대감의 발전 속에 있었다

Antagonismen, die in verschiedenen Epochen unterschiedliche Formen annahmen

서로 다른 시대에 서로 다른 형태를 취한 적대감

Aber welche Form sie auch immer angenommen haben mögen, eine Tatsache ist allen vergangenen Zeitaltern gemeinsam

그러나 그들이 어떤 형태를 취했든지 간에, 한 가지 사실은 과거의 모든 시대에 공통적이다

die Ausbeutung eines Teils der Gesellschaft durch den anderen

사회의 한 부분이 다른 부분에 의해 착취되는 것

Kein Wunder also, dass sich das gesellschaftliche Bewußtsein vergangener Zeiten innerhalb gewisser allgemeiner Formen oder allgemeiner Vorstellungen bewegt

그러므로 지나간 시대의 사회적 의식이 어떤 공통된 형태 또는 일반적인 관념 안에서 움직이는 것은 놀라운 일이 아니다

(und das trotz aller Vielfalt und Vielfalt, die es zeigt)

(그리고 그것은 그것이 표시하는 모든 다양성과 다양성에도 불구하고)

Und diese können nur mit dem gänzlichen Verschwinden der Klassengegensätze völlig verschwinden

그리고 이것들은 계급적 적대감이 완전히 사라지지 않는 한 완전히 사라질 수 없다

Die kommunistische Revolution ist der radikalste Bruch mit den traditionellen Eigentumsverhältnissen

공산주의 혁명은 전통적 소유 관계의 가장 근본적인 단절이다

Kein Wunder, dass ihre Entwicklung den radikalsten Bruch mit den traditionellen Vorstellungen mit sich bringt

그것의 발전이 전통적인 관념과의 가장 근본적인 단절을 수반한다는 것은 놀라운 일이 아닙니다

Aber lassen wir die Einwände der Bourgeoisie gegen den Kommunismus hinter uns

그러나 공산주의에 대한 부르주아지의 반대는 이제 그만 두자.

Wir haben oben den ersten Schritt der Arbeiterklasse in der Revolution gesehen

우리는 위에서 노동계급에 의한 혁명의 첫 걸음을 보았다

Das Proletariat muss zur Herrschaft erhoben werden, um den Kampf der Demokratie zu gewinnen

프롤레타리아트는 민주주의의 전투에서 승리하기 위해 지배자의 지위로 올라와야 한다

Das Proletariat wird seine politische Vorherrschaft benutzen, um der Bourgeoisie nach und nach alles Kapital zu entreißen

프롤레타리아트는 부르주아지로부터 모든 자본을 조금씩 빼앗기 위해 자신의 정치적 우위를 사용할 것이다

sie wird alle Produktionsmittel in den Händen des Staates zentralisieren

그것은 모든 생산수단을 국가의 수중에 집중시킬 것이다

Mit anderen Worten, das Proletariat organisierte sich als herrschende Klasse

다른 말로 하면, 프롤레타리아트는 지배계급으로 조직되었다

Und sie wird die Summe der Produktivkräfte so schnell wie möglich vermehren

그리고 그것은 가능한 한 빨리 생산력의 총량을 증가시킬 것이다

Natürlich kann dies anfangs nur durch despotische Eingriffe in die Eigentumsrechte geschehen

물론, 처음에는 재산권에 대한 전제적 침해를 통하지 않고는 그렇게 할 수 없다

und sie muss unter den Bedingungen der Bourgeoisie Produktion erreicht werden

그리고 그것은 부르주아지 생산의 조건들 위에서 성취되어야 한다

Sie wird also durch Maßnahmen erreicht, die wirtschaftlich unzureichend und unhaltbar erscheinen

따라서 경제적으로 불충분하고 지탱할 수 없는 것으로 보이는 조치를 통해 달성됩니다

aber diese Mittel überflügeln sich im Laufe der Bewegung selbst

그러나 이러한 수단들은 운동의 과정에서 스스로를 능가한다

sie erfordern weitere Eingriffe in die alte Gesellschaftsordnung

그들은 낡은 사회 질서에 더 깊이 침투할 필요가 있다

und sie sind unvermeidlich, um die Produktionsweise völlig zu revolutionieren

그리고 그것들은 생산양식을 완전히 혁명화하기 위한 수단으로서 불가피하다

Diese Maßnahmen werden natürlich in den verschiedenen Ländern unterschiedlich sein

물론 이러한 조치는 국가마다 다를 것입니다

Nichtsdestotrotz wird in den am weitesten fortgeschrittenen Ländern das Folgende ziemlich allgemein anwendbar sein

그럼에도 불구하고 가장 선진국에서는 다음이 매우 일반적으로 적용됩니다

1. Abschaffung des Grundeigentums und Verwendung aller Grundrenten für öffentliche Zwecke.

1. 토지의 재산을 폐지하고 토지의 모든 임대료를 공공의 목적에 적용한다.

2. Eine hohe progressive oder abgestufte Einkommensteuer.

2. 무거운 누진 소득세 또는 누진 소득세.

3. Abschaffung jeglichen Erbrechts.

3. 모든 상속권의 폐지.

4. Konfiskation des Eigentums aller Emigranten und Rebellen.

4. 모든 이주자들과 반역자들의 재산 몰수.

5. Zentralisierung des Kredits in den Händen des Staates durch eine Nationalbank mit staatlichem Kapital und ausschließlichem Monopol.

5. 국가 자본과 독점적 독점권을 가진 국가 은행을 통해 국가의 손에 신용을 집중시키는 것.

6. Zentralisierung der Kommunikations- und Transportmittel in den Händen des Staates.

6. 통신 및 운송 수단을 국가의 손에 중앙 집중화.

7. Ausbau der Fabriken und Produktionsmittel im Eigentum des Staates

7. 국가 소유의 공장 및 생산 수단의 확장

die Kultivierung von Ödland und die Verbesserung des Bodens überhaupt nach einem gemeinsamen Plan.

황무지를 경작하고 일반적으로 공통 계획에 따라 토양을 개량합니다.

8. Gleiche Haftung aller für die Arbeit

8. 노동에 대한 모두의 동등한 책임

Aufbau von Industriearmeen, vor allem für die Landwirtschaft.

특히 농업을 위한 산업 군대의 설립.

9. Kombination der Landwirtschaft mit dem verarbeitenden Gewerbe

9. 농업과 제조업의 결합

allmähliche Aufhebung der Unterscheidung zwischen Stadt und Land durch eine gleichmäßigere Verteilung der Bevölkerung über das Land.

도시와 시골 사이의 구별을 점진적으로 폐지하고, 전국적으로 인구를 보다 균등하게 분배한다.

10. Kostenlose Bildung für alle Kinder in öffentlichen Schulen.

10. 공립학교의 모든 어린이를 위한 무료 교육.

Abschaffung der Kinderfabrikarbeit in ihrer jetzigen Form

현재의 아동 공장 노동 폐지

Kombination von Bildung und industrieller Produktion

교육과 산업 생산의 결합

Wenn im Laufe der Entwicklung die Klassenunterschiede verschwunden sind

발전 과정에서 계급 구분이 사라졌을 때

und wenn die ganze Produktion in den Händen einer ungeheuren Assoziation der ganzen Nation konzentriert ist

그리고 모든 생산이 온 나라의 광대한 연합체의 손에 집중되었을 때

dann verliert die Staatsgewalt ihren politischen Charakter

그러면 공권력은 정치적 성격을 잃게 될 것이다

Politische Macht, eigentlich so genannt, ist nichts anderes als die organisierte Macht einer Klasse, um eine andere zu unterdrücken

정치 권력은, 적절하게 말하자면, 한 계급이 다른 계급을 억압하기 위해 조직한 권력일 뿐이다

Wenn das Proletariat in seinem Kampf mit der Bourgeoisie durch die Gewalt der Umstände gezwungen ist, sich als Klasse zu organisieren

만약 프롤레타리아트가 부르주아지와 경쟁하는 동안, 상황의 힘에 의해, 스스로를 하나의 계급으로 조직하도록 강요받는다면

wenn sie sich durch eine Revolution zur herrschenden Klasse macht

혁명을 통해 스스로를 지배계급으로 만든다면

und als solche fegt sie mit Gewalt die alten Produktionsbedingungen hinweg

그리하여 낡은 생산조건을 무력으로 쓸어버린다

dann wird sie mit diesen Bedingungen auch die Bedingungen für die Existenz der Klassengegensätze und der Klassen überhaupt hinweggefegt haben

그렇게 되면 그것은 이러한 조건들과 함께 계급 적대와 계급 일반의 존재 조건들을 쓸어버릴 것이다

und wird damit seine eigene Vorherrschaft als Klasse aufgehoben haben.

그리하여 하나의 계급으로서의 그 자신의 우월성을 폐지하게 될 것이다.

An die Stelle der alten Bourgeoisie Gesellschaft mit ihren Klassen und Klassengegensätzen treten eine Assoziation

계급과 계급 적대가 있는 낡은 부르주아 사회를 대신하여, 우리는 연합체를 가질 것이다

eine Assoziation, in der die freie Entwicklung eines jeden die Bedingung für die freie Entwicklung aller ist

각각의 자유로운 발전이 모두의 자유로운 발전을 위한 조건인 연합

1) Reaktionärer Sozialismus
1) 반동적 사회주의

a) Feudaler Sozialismus
a) 봉건 사회주의

die Aristokratien Frankreichs und Englands hatten eine einzigartige historische Stellung
프랑스와 영국의 귀족 정치는 독특한 역사적 위치를 차지했습니다

es wurde zu ihrer Berufung, Pamphlete gegen die moderne Boureoisie Gesellschaft zu schreiben
현대 부르주아 사회에 반대하는 팜플렛을 쓰는 것이 그들의 천직이 되었다

In der französischen Revolution vom Juli 1830 und in der englischen Reformagitation
1830년 7월의 프랑스 혁명과 영국의 개혁 선동

Diese Aristokratien erlagen wieder dem hasserfüllten Emporkömmling
이 귀족들은 다시 증오에 찬 신생 세력에게 굴복했다

An eine ernsthafte politische Auseinandersetzung war fortan nicht mehr zu denken
그 후로 심각한 정치 논쟁은 전혀 문제가 되지 않았다

Alles, was möglich blieb, war eine literarische Schlacht, keine wirkliche Schlacht
이제 남은 것은 실제 전투가 아니라 문학 전투뿐이었다

Aber auch auf dem Gebiet der Literatur waren die alten Schreie der Restaurationszeit unmöglich geworden
그러나 문학의 영역에서조차 유신기의 낡은 외침은 불가능해졌다

Um Sympathie zu erregen, mußte die Aristokratie offenbar ihre eigenen Interessen aus den Augen verlieren

동정심을 불러일으키기 위해, 귀족들은 분명히 그들 자신의
이익을 망각하지 않을 수 없었다
**und sie waren gezwungen, ihre Anklage gegen die
Bourgeoisie im Interesse der ausgebeuteten Arbeiterklasse
zu formulieren**
그리고 그들은 착취당하는 노동계급의 이익을 위해
부르주아지에 대한 그들의 기소를 공식화할 수밖에 없었다
**So rächte sich die Aristokratie, indem sie ihren neuen Herrn
verspottete**
그리하여 귀족들은 그들의 새로운 주인에게 풍자(天位)를
부르는 것으로 복수를 하였다
**Und sie rächten sich, indem sie ihm unheimliche
Prophezeiungen über die kommende Katastrophe ins Ohr
flüsterten**
그리고 그들은 다가오는 재앙에 대한 불길한 예언을 그의 귀에
속삭임으로써 복수를 했다
So entstand der feudale Sozialismus: halb Klage, halb Spott
이렇게 해서 봉건적 사회주의가 생겨났다: 반은 탄식, 반은
풍자였다
**Es klang halb wie ein Echo der Vergangenheit und
projizierte halb die Bedrohung der Zukunft**
그것은 반쯤은 과거의 메아리처럼 울려 퍼졌고, 반쯤은 미래의
위협을 투영했다
**zuweilen traf sie durch ihre bittere, geistreiche und scharfe
Kritik die Bourgeoisie bis ins Mark**
때때로, 신랄하고, 재치 있고, 예리한 비판으로, 그것은
부르주아지의 마음 깊은 곳까지 강타했다
**aber es war immer lächerlich in seiner Wirkung, weil es
völlig unfähig war, den Gang der neueren Geschichte zu
begreifen**
그러나 그것은 현대 역사의 행진을 이해할 수 있는 완전한
무능력으로 인해 그 효과에 있어서 항상 우스꽝스러웠다

Die Aristokratie schwenkte, um das Volk um sich zu scharen, den proletarischen Almosensack als Banner
귀족들은 민중을 자신들에게로 결집시키기 위해 프롤레타리아 구호품 가방을 앞세워 흔들었다

Aber das Volk, so oft es sich zu ihnen gesellte, sah auf seinem Hinterteil die alten Feudalwappen
그러나 사람들은 그들과 합류할 때마다 그들의 뒷다리에서 옛 봉건 시대의 문장을 보았다

Und sie verließen mit lautem und respektlosem Gelächter
그들은 시끄럽고 불경한 웃음을 터뜨리며 도망쳤다

Ein Teil der französischen Legitimisten und des "jungen Englands" zeigte dieses Schauspiel
프랑스의 합법주의자들과 "젊은 영국"의 한 부분은 이 광경을 보여주었다

die Feudalisten wiesen darauf hin, dass ihre Ausbeutungsweise eine andere sei als die der Bourgeoisie
봉건주의자들은 그들의 착취 방식이 부르주아지의 그것과 다르다고 지적했다

Die Feudalisten vergessen, dass sie unter ganz anderen Umständen und Bedingungen ausgebeutet haben
봉건주의자들은 자신들이 전혀 다른 환경과 조건 하에서 착취했다는 사실을 잊고 있다

Und sie haben nicht bemerkt, dass solche Methoden der Ausbeutung heute veraltet sind
그리고 그들은 그러한 착취 방법이 이제 구식이라는 것을 알아차리지 못했습니다

Sie zeigten, dass unter ihrer Herrschaft das moderne Proletariat nie existiert hat
그들은 그들의 지배 하에서 현대 프롤레타리아트는 결코 존재하지 않았다는 것을 보여주었다

aber sie vergessen, daß die moderne Bourgeoisie der notwendige Sprößling ihrer eigenen Gesellschaftsform ist

그러나 그들은 현대 부르주아지가 그들 자신의 사회 형태에서
필요한 소산이라는 것을 잊고 있다

**Im übrigen verbergen sie kaum den reaktionären Charakter
ihrer Kritik**

나머지는 비판의 반동적인 성격을 거의 감추지 않는다

**ihre Hauptanklage gegen die Bourgeoisie läuft auf
folgendes hinaus**

부르주아지에 대한 그들의 주된 비난은 다음과 같다

**unter dem Boureoisie Regime entwickelt sich eine soziale
Klasse**

부르주아 정권 하에서 사회계급이 발전하고 있다

**Diese soziale Klasse ist dazu bestimmt, die alte
Gesellschaftsordnung an der Wurzel zu zerschneiden**

이 사회 계급은 사회의 낡은 질서를 뿌리째 뽑고 가지를 뻗을
운명이다

**Womit sie die Bourgeoisie aufpeppen, ist nicht so sehr, dass
sie ein Proletariat schafft**

그들이 부르주아지를 꾄 것은 프롤레타리아트를 만들어내는
것이 아니다

**womit sie die Bourgeoisie aufpeppen, ist mehr, dass sie ein
revolutionäres Proletariat schafft**

그들이 부르주아지를 꾄 것은 혁명적 프롤레타리아트를
창출하기 위한 것이다

**In der politischen Praxis beteiligen sie sich daher an allen
Zwangsmaßnahmen gegen die Arbeiterklasse**

따라서 정치적 실천에서 그들은 노동계급에 대한 모든 강압적
조치에 가담한다

**Und im gewöhnlichen Leben bücken sie sich, trotz ihrer
hochtrabenden Phrasen, um die goldenen Äpfel
aufzuheben, die vom Baum der Industrie fallen gelassen
wurden**

그리고 일상 생활에서, 그들의 하이팔루틴 문구에도 불구하고, 그들은 산업의 나무에서 떨어진 황금 사과를 줍기 위해 몸을 굽힌다

Und sie tauschen Wahrheit, Liebe und Ehre gegen den Handel mit Wolle, Rote-Bete-Zucker und Kartoffelbränden

그리고 그들은 진리와 사랑과 명예를 양모, 사탕무 설탕, 그리고 감자 영으로 거래한다

Wie der Pfarrer immer Hand in Hand mit dem Gutsherrn gegangen ist, so ist es der klerikale Sozialismus mit dem feudalen Sozialismus getan

목사가 늘 지주와 손을 잡았듯이, 성직자 사회주의와 봉건 사회주의도 마찬가지다

Nichts ist leichter, als der christlichen Askese einen sozialistischen Anstrich zu geben

기독교 금욕주의에 사회주의적 색채를 부여하는 것보다 쉬운 일은 없다

Hat nicht das Christentum gegen das Privateigentum, gegen die Ehe, gegen den Staat deklamiert?

그리스도교는 사유 재산, 결혼, 국가에 반대하지 않았는가?

Hat das Christentum nicht an die Stelle dieser Nächstenliebe und Armut getreten?

기독교는 이러한 자선과 가난을 대신해 설교하지 않았는가?

Predigt das Christentum nicht den Zölibat und die Abtötung des Fleisches, das monastische Leben und die Mutter Kirche?

기독교는 독신과 육체의 고행, 수도원 생활과 어머니 교회를 설교하지 않습니까?

Der christliche Sozialismus ist nur das Weihwasser, mit dem der Priester das Herzbrennen des Aristokraten weiht

기독교 사회주의는 사제가 귀족의 가슴 아픈 것을 봉헌하는 성수일 뿐이다

b) Kleinbürgerlicher Sozialismus
b) 소부르주아 사회주의

Die feudale Aristokratie war nicht die einzige Klasse, die von der Bourgeoisie ruiniert wurde
봉건 귀족은 부르주아지에 의해 파멸된 유일한 계급이 아니었다
sie war nicht die einzige Klasse, deren Existenzbedingungen in der Atmosphäre der modernen Bourgeoisie Gesellschaft schmachten und zugrunde gingen
현대 부르주아 사회의 분위기 속에서 생존 조건이 고착화되고 소멸된 계급은 이들만이 아니었다
Die mittelalterliche Bürgerschaft und die kleinbäuerlichen Eigentümer waren die Vorläufer des modernen Bourgeoisie
중세의 버제스와 소작농 지주들은 현대 부르주아지의 선구자였다
In den Ländern, die industriell und kommerziell nur wenig entwickelt sind, vegetieren diese beiden Klassen noch Seite an Seite
산업적으로나 상업적으로나 거의 개발되지 않은 나라들에서, 이 두 부류는 여전히 나란히 식물을 먹는다
und in der Zwischenzeit erhebt sich die Bourgeoisie neben ihnen: industriell, kommerziell und politisch
그러는 동안 부르주아지는 그들 옆에서 산업적으로, 상업적으로, 정치적으로 봉기했다
In den Ländern, in denen die moderne Zivilisation voll entwickelt ist, hat sich eine neue Klasse des Kleinbourgeoisie gebildet
근대 문명이 완전히 발달한 나라들에서는 새로운 소부르주아 계급이 형성되었다
diese neue soziale Klasse schwankt zwischen Proletariat und Bourgeoisie
이 새로운 사회계급은 프롤레타리아트와 부르주아지 사이에서 왔다 갔다 한다

und sie erneuert sich ständig als ergänzender Teil der Bourgeoisie Gesellschaft

그리고 그것은 부르주아 사회의 보충적인 부분으로서 스스로를 늘 갱신하고 있다

Die einzelnen Glieder dieser Klasse aber werden fortwährend in das Proletariat hinabgeschleudert

그러나 이 계급의 개별 구성원들은 끊임없이 프롤레타리아트로 내던져지고 있다

sie werden vom Proletariat durch die Einwirkung der Konkurrenz aufgesaugt

그들은 경쟁의 행동을 통해 프롤레타리아트에 의해 빨려 들어간다

In dem Maße, wie sich die moderne Industrie entwickelt, sehen sie sogar den Augenblick herannahen, in dem sie als eigenständiger Teil der modernen Gesellschaft völlig verschwinden wird

현대 산업이 발전함에 따라 그들은 현대 사회의 독립적인 부분으로서 완전히 사라질 순간이 다가오고 있음을 직시하고 있습니다

Sie werden in der Manufaktur, in der Landwirtschaft und im Handel durch Aufseher, Gerichtsvollzieher und Krämer ersetzt werden

그들은 제조업, 농업 및 상업에서 감시자, 집행관 및 상점 상인으로 대체될 것입니다

In Ländern wie Frankreich, wo die Bauern weit mehr als die Hälfte der Bevölkerung ausmachen

농민이 인구의 절반 이상을 차지하는 프랑스와 같은 나라에서는

es war natürlich, dass es Schriftsteller gab, die sich auf die Seite des Proletariats gegen die Bourgeoisie stellten

부르주아지에 맞서 프롤레타리아트의 편에 섰던 작가들이 있는 것은 당연한 일이었다

in ihrer Kritik am Bourgeoisie Regime benutzten sie den Maßstab des Bauern- und Kleinbourgeoisie

부르주아 정권에 대한 비판에서 그들은 농민과 소부르주아지의
기준을 사용했다

**Und vom Standpunkt dieser Zwischenklassen aus ergreifen
sie die Keule für die Arbeiterklasse**

그리고 이 중간 계급의 입장에서 그들은 노동계급을 위해
곤봉을 든다

**So entstand der Kleinbourgeoisie Sozialismus, dessen
Haupt Sismondi nicht nur in Frankreich, sondern auch in
England war**

그리하여 소부르주아 사회주의가 생겨났고, 시스몽디는
프랑스뿐만 아니라 영국에서도 이 학파의 교장이었다

**Diese Schule des Sozialismus sezierte mit großer Schärfe die
Widersprüche in den Bedingungen der modernen
Produktion**

이 사회주의 학파는 근대적 생산 조건의 모순을 매우 예리하게
해부했다

**Diese Schule entlarvte die heuchlerischen
Entschuldigungen der Ökonomen**

이 학교는 경제학자들의 위선적인 사과를 적나라하게 드러냈다

**Diese Schule bewies unwiderlegbar die verheerenden
Auswirkungen der Maschinerie und der Arbeitsteilung**

이 학교는 기계와 분업의 비참한 결과를 논란의 여지없이
증명했다

**Es bewies die Konzentration von Kapital und Grund und
Boden in wenigen Händen**

그것은 자본과 토지가 소수의 손에 집중되어 있음을 증명했다

sie bewies, wie Überproduktion zu Bourgeoisie-Krisen führt

그것은 과잉생산이 어떻게 부르주아지의 위기를 초래하는지를
증명했다

**sie wies auf den unvermeidlichen Ruin des
Kleinbourgeoisie' und der Bauern hin**

그것은 소부르주아지와 농민의 필연적인 파멸을 지적했다

das Elend des Proletariats, die Anarchie in der Produktion, die schreiende Ungleichheit in der Verteilung des Reichtums

프롤레타리아트의 비참함, 생산의 무정부 상태, 부의 분배에 있어서의 울부짖는 불평등

Er zeigte, wie das Produktionssystem den industriellen Vernichtungskrieg zwischen den Nationen führt

그것은 생산체제가 어떻게 국가들 간의 말살의 산업전쟁을 주도하는지를 보여주었다

die Auflösung der alten sittlichen Bande, der alten Familienverhältnisse, der alten Nationalitäten

낡은 도덕적 유대, 낡은 가족 관계, 낡은 민족의 해체

In ihren positiven Zielen strebt diese Form des Sozialismus jedoch eines von zwei Dingen an

그러나 이러한 형태의 사회주의는 그 긍정적 목표에서 두 가지 중 하나를 성취하기를 열망한다

Entweder zielt sie darauf ab, die alten Produktions- und Tauschmittel wiederherzustellen

그것은 낡은 생산수단과 교환수단을 회복하는 것을 목표로 한다

und mit den alten Produktionsmitteln würde sie die alten Eigentumsverhältnisse und die alte Gesellschaft wiederherstellen

그리고 낡은 생산수단으로 낡은 소유관계와 낡은 사회를 회복할 것이다

oder sie zielt darauf ab, die modernen Produktions- und Austauschmittel in den alten Rahmen der Eigentumsverhältnisse zu zwängen

또는 근대적 생산수단과 교환수단을 소유관계의 낡은 틀 속으로 집어넣는 것을 목표로 한다

In beiden Fällen ist es sowohl reaktionär als auch utopisch

어느 경우든 그것은 반동적이고 유토피아적이다

Seine letzten Worte lauten: Korporativzünfte für die Manufaktur, patriarchalische Verhältnisse in der Landwirtschaft

그것의 마지막 단어는 다음과 같습니다 : 제조업을위한 기업 길드, 농업에서의 가부장적 관계

Schließlich, als hartnäckige historische Tatsachen alle berauschenden Wirkungen der Selbsttäuschung zerstreut hatten,

궁극적으로, 완고한 역사적 사실들이 자기기만의 모든 도취적인 효과들을 흩어버렸을 때

diese Form des Sozialismus endete in einem elenden Anfall von Mitleid

이러한 형태의 사회주의는 비참한 동정심으로 끝났다

c) Deutscher oder "wahrer" Sozialismus
c) 독일, 또는 "진정한" 사회주의

Die sozialistische und kommunistische Literatur Frankreichs entstand unter dem Druck einer herrschenden Bourgeoisie
프랑스의 사회주의와 공산주의 문학은 권력을 쥔 부르주아지의 압력 하에서 시작되었다

Und diese Literatur war der Ausdruck des Kampfes gegen diese Macht
그리고 이 문학은 이 권력에 대항하는 투쟁의 표현이었다

sie wurde in Deutschland zu einer Zeit eingeführt, als die Bourgeoisie gerade ihren Kampf mit dem feudalen Absolutismus begonnen hatte
그것은 부르주아지가 봉건적 절대주의와의 경쟁을 막 시작했을 때 독일에 소개되었다

Deutsche Philosophen, Möchtegern-Philosophen und Beaux Esprits griffen begierig zu dieser Literatur
독일의 철학자들, 철학자 지망생들, 그리고 미숙한 철학자들은 이 문헌을 열렬히 붙잡았다

aber sie vergaßen, daß die Schriften aus Frankreich nach Deutschland einwanderten, ohne die französischen Gesellschaftsverhältnisse mitzubringen
그러나 그들은 그 글들이 프랑스의 사회적 조건을 따라오지 않고 프랑스에서 독일로 이주해 왔다는 사실을 잊었다

Im Kontakt mit den deutschen gesellschaftlichen Verhältnissen verlor diese französische Literatur ihre unmittelbare praktische Bedeutung
독일의 사회적 상황과 맞물려 이 프랑스 문학은 즉각적이고 실천적인 의미를 상실했다

und die kommunistische Literatur Frankreichs nahm in deutschen akademischen Kreisen einen rein literarischen Aspekt an

프랑스의 공산주의 문학은 독일 학계에서 순전히 문학적인 측면을 띠고 있었다

So waren die Forderungen der ersten Französischen Revolution nichts anderes als die Forderungen der "praktischen Vernunft"

따라서 제1차 프랑스 혁명의 요구는 '실천이성'의 요구에 지나지 않았다

und die Willensäußerung der revolutionären französischen Bourgeoisie bedeutete in ihren Augen das Gesetz des reinen Willens

혁명적 프랑스 부르주아지의 의지 발언은 그들의 눈에는 순수 의지의 법칙을 의미했다

es bedeutete den Willen, wie er sein mußte; des wahren menschlichen Willens überhaupt

그것은 필연적으로 그렇게 될 의지를 의미했다. 일반적으로 참된 인간의 의지

Die Welt der deutschen Literaten bestand einzig und allein darin, die neuen französischen Ideen mit ihrem alten philosophischen Gewissen in Einklang zu bringen

독일 문인들의 세계는 오로지 새로운 프랑스 사상을 그들의 고대의 철학적 양심과 조화시키는 데에만 있었다

oder vielmehr, sie annektierten die französischen Ideen, ohne ihren eigenen philosophischen Standpunkt aufzugeben

오히려, 그들은 자신의 철학적 관점을 포기하지 않고 프랑스 사상을 합병했습니다

Diese Annexion vollzog sich auf die gleiche Weise, wie man sich eine Fremdsprache aneignet, nämlich durch Übersetzung

이 병합은 외국어가 전유되는 것과 같은 방식, 즉 번역에 의해 이루어졌습니다

Es ist bekannt, wie die Mönche alberne Leben katholischer Heiliger über Manuskripte schrieben

수도사들이 원고를 통해 가톨릭 성인들의 어리석은 삶을 어떻게 썼는지는 잘 알려져 있습니다

die Manuskripte, auf denen die klassischen Werke des antiken Heidentums geschrieben waren

고대 이교도의 고전 작품이 쓰여진 사본

Die deutschen Literaten kehrten diesen Prozess mit der profanen französischen Literatur um

독일의 문인들은 이 과정을 불경스러운 프랑스 문학으로 역전시켰다

Sie schrieben ihren philosophischen Unsinn unter das französische Original

그들은 프랑스어 원본 아래에 철학적 넌센스를 썼습니다

Zum Beispiel schrieben sie unter der französischen Kritik an den ökonomischen Funktionen des Geldes "Entfremdung der Menschheit"

예를 들어, 화폐의 경제적 기능에 대한 프랑스의 비판 아래에는 "인류의 소외"라고 썼다

unter die französische Kritik am Bourgeoisie Staat schrieben sie "Entthronung der Kategorie des Generals"

부르주아 국가에 대한 프랑스의 비판 밑에 그들은 "장군의 범주의 폐위"라고 썼다

Die Einführung dieser philosophischen Phrasen hinter der französischen Geschichtskritik nannten sie:

프랑스의 역사비평 뒤편에 이런 철학적 문구를 소개한 것은 다음과 같다.

"Philosophie des Handelns", "Wahrer Sozialismus", "Deutsche Sozialismuswissenschaft", "Philosophische Grundlagen des Sozialismus" und so weiter

「행동철학」, 「참된 사회주의」, 「독일 사회주의」, 「사회주의의 철학적 기초」 등이다

Die französische sozialistische und kommunistische Literatur wurde damit völlig entmannt

그리하여 프랑스의 사회주의와 공산주의 문학은 완전히
말살되었다

**in den Händen der deutschen Philosophen hörte sie auf, den
Kampf der einen Klasse mit der anderen auszudrücken**
독일 철학자들의 손에서 그것은 한 계급과 다른 계급의 투쟁을
표현하는 것을 중단했다

**und so fühlten sich die deutschen Philosophen bewußt, die
"französische Einseitigkeit" überwunden zu haben**
그래서 독일 철학자들은 '프랑스의 일방성'을 극복했다는
의식을 느꼈다

**Sie musste keine wahren Forderungen repräsentieren,
sondern sie repräsentierte Forderungen der Wahrheit**
그것은 참된 요구 조건을 대표할 필요가 없었고, 오히려 진리의
요구 조건을 대표했다

**es gab kein Interesse am Proletariat, sondern an der
menschlichen Natur**
프롤레타리아트에 대한 관심은 없었고, 오히려 인간 본성에
대한 관심이 있었다

**das Interesse galt dem Menschen überhaupt, der keiner
Klasse angehört und keine Wirklichkeit hat**
관심은 계급에 속하지 않고 실체가 없는 인간 일반에 있었다

**ein Mann, der nur im nebligen Reich der philosophischen
Fantasie existiert**
철학적 환상의 안개 낀 영역에만 존재하는 남자

**aber schließlich verlor auch dieser deutsche
Schulsozialismus seine pedantische Unschuld**
그러나 결국 이 모범생 독일 사회주의도 현학적인 순수함을
잃었다

**die deutsche Bourgeoisie und besonders die preußische
Bourgeoisie kämpfte gegen die feudale Aristokratie**
독일 부르주아지, 특히 프로이센 부르주아지는 봉건 귀족에
맞서 싸웠다

auch die absolute Monarchie Deutschlands und Preußens wurde bekämpft

독일과 프로이센의 절대 왕정 역시 대립하고 있었다

Und im Gegenzug wurde auch die Literatur der liberalen Bewegung ernster

그러자 자유주의 운동의 문학도 더욱 진지해졌다

Deutschlands lang ersehnte Chance auf einen "wahren" Sozialismus wurde geboten

독일이 오랫동안 바라던 "진정한" 사회주의의 기회가 제공되었다

die Möglichkeit, die politische Bewegung mit den sozialistischen Forderungen zu konfrontieren

사회주의 요구와 정치 운동에 맞설 수 있는 기회

die Gelegenheit, die traditionellen Bannsprüche gegen den Liberalismus zu schleudern

자유주의에 대항하는 전통적 저주를 퍼부을 수 있는 기회

die Möglichkeit, die repräsentative Regierung und die Bourgeoisie Konkurrenz anzugreifen

대의정부와 부르주아지 경쟁을 공격할 기회

Pressefreiheit der Bourgeoisie, Bourgeoisie Gesetzgebung, Bourgeoisie Freiheit und Gleichheit

부르주아지 언론의 자유, 부르주아지 입법, 부르주아지의 자유와 평등

All dies könnte nun in der realen Welt kritisiert werden, anstatt in der Fantasie

이 모든 것은 이제 판타지가 아닌 현실 세계에서 비평될 수 있습니다

Feudalaristokratie und absolute Monarchie hatten den Massen lange gepredigt

봉건 귀족 정치와 절대 왕정은 오랫동안 대중에게 설파되어 왔다

"Der Arbeiter hat nichts zu verlieren und er hat alles zu gewinnen"

"노동자는 잃을 것이 없고 얻을 것이 다 있다"

auch die Bourgeoisie bewegung bot eine Chance, sich mit diesen Plattitüden auseinanderzusetzen

부르주아 운동은 또한 이러한 진부함에 맞설 수 있는 기회를 제공했다

die französische Kritik setzte die Existenz der modernen Bourgeoisie Gesellschaft voraus

프랑스 비판은 현대 부르주아 사회의 존재를 전제했다

Bourgeoisie, ökonomische Existenzbedingungen und Bourgeoisie politische Verfassung

부르주아지의 경제적 존재 조건과 부르주아지의 정치 헌법

gerade die Dinge, deren Errungenschaft Gegenstand des in Deutschland anstehenden Kampfes war

그 달성이 독일에서 계류 중인 투쟁의 대상이었던 바로 그 것들

Deutschlands albernes Echo des Sozialismus hat diese Ziele gerade noch rechtzeitig aufgegeben

독일의 어리석은 사회주의 메아리는 아슬아슬한 순간에 이러한 목표를 포기했다

Die absoluten Regierungen hatten ihre Gefolgschaft aus Pfarrern, Professoren, Landjunkern und Beamten

절대정부들은 목사들, 교수들, 시골 지주들, 관리들을 추종했다

die damalige Regierung begegnete den deutschen Arbeiteraufständen mit Auspeitschungen und Kugeln

당시 독일 정부는 독일 노동계급의 봉기에 채찍질과 총알로 맞섰다

ihnen diente dieser Sozialismus als willkommene Vogelscheuche gegen die drohende Bourgeoisie

그들에게 이 사회주의는 위협적인 부르주아지에 대항하는 환영받는 허수아비 역할을 했다

und die deutsche Regierung konnte nach den bitteren Pillen, die sie austeilte, ein süßes Dessert anbieten

그리고 독일 정부는 쓴 알약을 나눠준 후 달콤한 디저트를
제공할 수 있었습니다

dieser "wahre" Sozialismus diente also den Regierungen als
Waffe im Kampf gegen die deutsche Bourgeoisie

따라서 이 "진정한" 사회주의는 독일 부르주아지와 싸우기 위한
무기로서 정부들에게 봉사했다

und gleichzeitig repräsentierte sie direkt ein reaktionäres
Interesse; die der deutschen Philister

그리고 동시에, 그것은 직접적으로 반동적인 이해관계를
대표했다. 독일 블레셋 사람들의

In Deutschland ist das Kleinbourgeoisie die wirkliche
gesellschaftliche Grundlage des bestehenden Zustandes

독일에서 소부르주아 계급은 현존하는 사물 상태의 진정한
사회적 기초이다

Ein Relikt des sechzehnten Jahrhunderts, das immer wieder
in verschiedenen Formen auftaucht

다양한 형태로 끊임없이 자라나고 있는 16세기의 유물

Diese Klasse zu bewahren bedeutet, den bestehenden
Zustand in Deutschland zu bewahren

이 계급을 보존하는 것은 독일의 현존하는 상태를 보존하는
것이다

Die industrielle und politische Vorherrschaft der
Bourgeoisie bedroht das KleinBourgeoisie mit der sicheren
Vernichtung

부르주아지의 산업적, 정치적 우월성은 소부르주아지를 확실한
파멸로 위협한다

auf der einen Seite droht sie das Kleinbourgeoisiedurch die
Konzentration des Kapitals zu vernichten

한편으로는 자본의 집중을 통해 소부르주아지를 파괴하겠다고
위협한다

auf der anderen Seite droht die Bourgeoisie, sie durch den
Aufstieg eines revolutionären Proletariats zu zerstören

다른 한편으로, 부르주아지는 혁명적 프롤레타리아트의 등장을 통해 부르주아지를 파괴하겠다고 위협한다

Der "wahre" Sozialismus schien diese beiden Fliegen mit einer Klappe zu schlagen. Es breitete sich wie eine Epidemie aus

"진정한" 사회주의는 이 두 마리의 새를 하나의 돌로 죽이는 것처럼 보였다. 그것은 전염병처럼 퍼져나갔다

Das Gewand spekulativer Spinnweben, bestickt mit Blumen der Rhetorik, durchtränkt vom Tau kränklicher Gefühle

수사학의 꽃으로 수놓아진 사색적인 거미줄의 옷은 역겨운 감정의 이슬에 흠뻑 젖어 있었다

dieses transzendentale Gewand, in das die deutschen Sozialisten ihre traurigen "ewigen Wahrheiten" hüllten

독일 사회주의자들이 그들의 슬픈 "영원한 진리"를 포장한 이 초월적 가운

alle Haut und Knochen, dienten dazu, den Absatz ihrer Waren bei einem solchen Publikum wunderbar zu vermehren.

모든 피부와 뼈는 그러한 대중들 사이에서 그들의 상품의 판매를 놀랍도록 증가시키는 데 기여했다

Und der deutsche Sozialismus seinerseits erkannte mehr und mehr seine eigene Berufung

그리고 독일 사회주의는 점점 더 자신의 소명을 인식했다

sie war berufen, die bombastische Vertreterin des Kleinbourgeoisie Philisters zu sein

그것은 쁘띠 부르주아 블레셋의 과격한 대표자로 부름을 받았다

Sie proklamierte die deutsche Nation als Musternation und den deutschen Kleinphilister als Mustermann

그것은 독일 민족을 모범 민족으로, 독일의 하찮은 블레셋 민족을 모범 민족으로 선포하였다

Jeder schurkischen Gemeinheit dieses Mustermenschen gab sie eine verborgene, höhere, sozialistische Deutung

이 모범적인 남자의 모든 악랄한 비열함에 대해 그것은 숨겨져 있는, 더 높은 사회주의적 해석을 주었다

diese höhere, sozialistische Deutung war das genaue Gegenteil ihres wirklichen Charakters

이 고상한 사회주의적 해석은 그것의 실제 성격과 정반대였다

Sie ging so weit, sich der "brutal destruktiven" Tendenz des Kommunismus direkt entgegenzustellen

그것은 공산주의의 "잔인할 정도로 파괴적인" 경향에 직접적으로 반대하는 극단적인 지경에까지 이르렀다

und sie proklamierte ihre höchste und unparteiische Verachtung aller Klassenkämpfe

그리고 그것은 모든 계급 투쟁에 대한 최고이자 공정한 경멸을 선언했다

Mit sehr wenigen Ausnahmen gehören alle sogenannten sozialistischen und kommunistischen Publikationen, die jetzt (1847) in Deutschland zirkulieren, in den Bereich dieser üblen und entnervenden Literatur

극소수의 예외를 제외하고, 현재(1847년) 독일에서 유통되고 있는 소위 사회주의와 공산주의 출판물은 모두 이 더럽고 정력적인 문학의 영역에 속한다

2) Konservativer Sozialismus oder bürgerlicher Sozialismus
2) 보수적 사회주의 또는 부르주아 사회주의

Ein Teil der Bourgeoisie will soziale Missstände beseitigen
부르주아지의 일부는 사회적 불만을 시정하기를 원한다
um den Fortbestand der Bourgeoisie Gesellschaft zu sichern
부르주아 사회의 존속을 확보하기 위해서
Zu dieser Sektion gehören Ökonomen, Philanthropen, Menschenfreunde
이 섹션에는 경제학자, 자선가, 인도주의자가 속합니다
Verbesserer der Lage der Arbeiterklasse und Organisatoren der Wohltätigkeit
노동계급의 조건 개선자들과 자선단체의 조직가들
Mitglieder von Gesellschaften zur Verhütung von Tierquälerei
동물 학대 방지 협회 회원
Mäßigkeitsfanatiker, Loch-und-Ecken-Reformer aller erdenklichen Art
절제 광신자들, 상상할 수 있는 모든 종류의 구멍과 구석구석 개혁가들
Diese Form des Sozialismus ist überdies zu vollständigen Systemen ausgearbeitet worden
더욱이 이러한 형태의 사회주의는 완전한 체계로 발전해 왔다
Als Beispiel für diese Form sei Proudhons "Philosophie de la Misère" angeführt
프루동의 '미제르 철학'을 그 예로 들 수 있다
Die sozialistische Bourgeoisie will alle Vorteile der modernen gesellschaftlichen Verhältnisse
사회주의 부르주아지는 현대 사회 조건의 모든 이점을 원한다
aber die sozialistische Bourgeoisie will nicht unbedingt die daraus resultierenden Kämpfe und Gefahren
그러나 사회주의 부르주아지가 반드시 그로 인한 투쟁과 위험을 원하는 것은 아니다

Sie wollen den bestehenden Zustand der Gesellschaft, abzüglich ihrer revolutionären und zerfallenden Elemente

그들은 사회의 혁명적이고 붕괴적인 요소들을 뺀 현존하는 사회의 상태를 갈망한다

mit anderen Worten, sie wünschen sich eine Bourgeoisie ohne Proletariat

다른 말로 하자면, 그들은 프롤레타리아 없는 부르주아지를 원한다

Die Bourgeoisie begreift natürlich die Welt, in der sie die höchste ist, die Beste zu sein

부르주아 계급은 자연히 자신이 최고인 세계를 최고로 생각한다

und der Bourgeoisie Sozialismus entwickelt diese bequeme Auffassung zu verschiedenen mehr oder weniger vollständigen Systemen

그리고 부르주아 사회주의는 이 편안한 개념을 다소간 완전한 다양한 체계들로 발전시킨다

sie wünschen sich sehr, dass das Proletariat geradewegs in das soziale Neue Jerusalem marschiert

그들은 프롤레타리아트가 사회적인 새 예루살렘으로 곧장 행진하기를 매우 원한다

Aber in Wirklichkeit verlangt sie, dass das Proletariat innerhalb der Grenzen der bestehenden Gesellschaft bleibt

그러나 실제로 그것은 프롤레타리아트가 기존 사회의 테두리 안에 머물 것을 요구한다

sie fordern das Proletariat auf, alle seine hasserfüllten Ideen über die Bourgeoisie abzulegen

그들은 프롤레타리아트에게 부르주아지에 관한 그들의 모든 증오스러운 관념들을 버릴 것을 요구한다

es gibt eine zweite, praktischere, aber weniger systematische Form dieses Sozialismus

이 사회주의의 두 번째 형태는 더 실용적이지만 덜 체계적이다

Diese Form des Sozialismus versuchte, jede revolutionäre Bewegung in den Augen der Arbeiterklasse abzuwerten

이러한 형태의 사회주의는 노동계급의 눈으로 볼 때 모든 혁명적 운동의 가치를 떨어뜨리려 했다

Sie argumentieren, dass keine bloße politische Reform für sie von Vorteil sein könnte

그들은 단순한 정치 개혁이 자신들에게 아무런 이익이 될 수 없다고 주장한다

nur eine Veränderung der materiellen Existenzbedingungen in den wirtschaftlichen Beziehungen ist von Nutzen

경제적 관계에서 물질적 존재 조건의 변화만이 유익하다

Wie der Kommunismus tritt auch diese Form des Sozialismus für eine Veränderung der materiellen Existenzbedingungen ein

공산주의와 마찬가지로, 이러한 형태의 사회주의는 물질적 존재 조건의 변화를 옹호한다

Diese Form des Sozialismus bedeutet jedoch keineswegs, dass die Bourgeoisie Produktionsverhältnisse abgeschafft werden

그러나 이러한 형태의 사회주의는 결코 부르주아지의 생산관계의 폐지를 의미하지 않는다

die Abschaffung der Bourgeoisie Produktionsverhältnisse kann nur durch eine Revolution erreicht werden

부르주아지 생산관계의 폐지는 혁명을 통해서만 성취될 수 있다

Doch statt einer Revolution schlägt diese Form des Sozialismus Verwaltungsreformen vor

그러나 이러한 형태의 사회주의는 혁명 대신 행정 개혁을 제안한다

und diese Verwaltungsreformen würden auf dem Fortbestand dieser Beziehungen beruhen

그리고 이러한 행정 개혁은 이러한 관계의 지속적인 존재에 기초를 둘 것이다

Reformen, die in keiner Weise die Beziehungen zwischen Kapital und Arbeit berühren

따라서 자본과 노동의 관계에 아무런 영향도 미치지 않는 개혁

im besten Fall verringern solche Reformen die Kosten und vereinfachen die Verwaltungsarbeit der Bourgeoisie Regierung

기껏해야 그러한 개혁은 비용을 줄이고 부르주아 정부의 행정 업무를 단순화할 뿐이다

Der Bourgeoisie Sozialismus kommt dann und nur dann adäquat zum Ausdruck, wenn er zur bloßen Redewendung wird

부르주아 사회주의는 적절한 표현을 획득하며, 그 때 비로소 그것이 단순한 비유적 표현이 된다

Freihandel: zum Wohle der Arbeiterklasse

자유무역: 노동계급의 이익을 위해

Schutzpflichten: zum Wohle der Arbeiterklasse

보호 의무: 노동계급의 이익을 위해

Gefängnisreform: zum Wohle der Arbeiterklasse

교도소 개혁: 노동계급의 이익을 위해

Das ist das letzte Wort und das einzig ernst gemeinte Wort des Bourgeoisie Sozialismus

이것은 부르주아 사회주의의 마지막 단어이자 유일하게 진지하게 의미있는 단어이다

Sie ist in dem Satz zusammengefasst: Die Bourgeoisie ist eine Bourgeoisie zum Wohle der Arbeiterklasse

그것은 다음과 같은 말로 요약된다: 부르주아지는 노동계급의 이익을 위한 부르주아지이다

3) Kritisch-utopischer Sozialismus und Kommunismus
3) 비판적 유토피아적 사회주의와 공산주의

Wir beziehen uns hier nicht auf jene Literatur, die den Forderungen des Proletariats immer eine Stimme gegeben hat
우리는 여기서 프롤레타리아트의 요구들에 항상 목소리를 내왔던 문학을 언급하지 않는다

dies war in jeder großen modernen Revolution vorhanden, wie z. B. in den Schriften von Babeuf und anderen
이것은 바뵈프(Babeuf)와 다른 사람들의 저술과 같은 모든 위대한 현대 혁명에 나타났다

Die ersten unmittelbaren Versuche des Proletariats, seine eigenen Ziele zu erreichen, scheiterten notwendigerweise
프롤레타리아트가 자신의 목적을 달성하려는 최초의 직접적인 시도는 필연적으로 실패했다

Diese Versuche wurden in Zeiten allgemeiner Aufregung unternommen, als die feudale Gesellschaft gestürzt wurde
이러한 시도는 봉건 사회가 전복되던 보편적인 흥분의 시기에 이루어졌다

Der damals noch unterentwickelte Zustand des Proletariats führte zum Scheitern dieser Versuche
당시 프롤레타리아트의 발전되지 않은 상태는 그러한 시도들을 실패로 이끌었다

und sie scheiterten am Fehlen der wirtschaftlichen Voraussetzungen für ihre Emanzipation
그리고 그들은 해방을 위한 경제적 조건의 부재로 인해 실패했다

Bedingungen, die erst noch geschaffen werden mussten und die durch die bevorstehende Epoche der Bourgeoisie allein hervorgebracht werden konnten

아직 생산되지 않았던, 그리고 임박한 부르주아 시대만이
생산할 수 있는 조건들

**Die revolutionäre Literatur, die diese ersten Bewegungen
des Proletariats begleitete, hatte notwendigerweise einen
reaktionären Charakter**

프롤레타리아트의 이러한 첫 번째 운동에 수반된 혁명적
문헌들은 필연적으로 반동적인 성격을 띠고 있었다

**Diese Literatur schärfte universelle Askese und soziale
Nivellierung in ihrer gröbsten Form ein**

이 문헌은 보편적인 금욕주의와 사회적 평준화를 가장 조잡한
형태로 주입했다

**Die sozialistischen und kommunistischen Systeme, die man
eigentlich so nennt, entstehen in der frühen unentwickelten
Periode**

사회주의와 공산주의 체제는, 이른바 이른바 미개발 초기에
생겨났다

**Saint-Simon, Fourier, Owen und andere beschrieben den
Kampf zwischen Proletariat und Bourgeoisie (siehe
Abschnitt 1)**

생시몽, 푸리에, 오웬 등은 프롤레타리아트와 부르주아지
사이의 투쟁을 묘사했다(제1부 참조)

**Die Begründer dieser Systeme sehen in der Tat die
Klassengegensätze**

이 체계들의 창시자들은 실제로 계급적 적대감을 본다

**Sie sehen auch das Wirken der sich zersetzenden Elemente
in der herrschenden Gesellschaftsform**

그들은 또한 사회의 지배적인 형태에서 부패하는 요소들의
작용을 본다

**Aber das Proletariat, das noch in den Kinderschuhen steckt,
bietet ihnen das Schauspiel einer Klasse ohne jede
historische Initiative**

그러나 프롤레타리아트는 아직 초기 단계에 있기 때문에
그들에게 어떤 역사적 주도권도 없는 계급의 스펙터클을
제공한다

**Sie sehen das Schauspiel einer sozialen Klasse ohne
unabhängige politische Bewegung**
그들은 어떤 독립적인 정치 운동도 없는 사회 계급의 광경을
본다

**Die Entwicklung des Klassengegensatzes hält mit der
Entwicklung der Industrie Schritt**
계급 적대의 발전은 산업의 발전과 보조를 맞춘다

**Die ökonomische Lage bietet ihnen also noch nicht die
materiellen Bedingungen für die Befreiung des Proletariats**
따라서 경제적 상황은 아직 그들에게 프롤레타리아트의 해방을
위한 물질적 조건을 제공하지 않는다

**Sie suchen also nach einer neuen Sozialwissenschaft, nach
neuen sozialen Gesetzen, die diese Bedingungen schaffen
sollen**
따라서 그들은 이러한 조건들을 창조할 새로운 사회과학,
새로운 사회법칙들을 추구한다

**historisches Handeln besteht darin, sich ihrem persönlichen
erfinderischen Handeln zu beugen**
역사적 행동은 그들의 개인적 발명적 행동에 굴복하는 것이다

**Historisch geschaffene Emanzipationsbedingungen sollen
phantastischen Verhältnissen weichen**
역사적으로 창조된 해방의 조건들은 환상적인 조건들에
굴복하게 되어 있다

**und die allmähliche, spontane Klassenorganisation des
Proletariats soll der Organisation der Gesellschaft weichen**
그리고 프롤레타리아트의 점진적이고 자발적인 계급 조직은
사회의 조직에 굴복하는 것이다

**die Organisation der Gesellschaft, die von diesen Erfindern
eigens ersonnen wurde**

이 발명가들에 의해 특별히 고안된 사회의 조직

Die zukünftige Geschichte löst sich in ihren Augen in die Propaganda und die praktische Durchführung ihrer sozialen Pläne auf

그들의 눈에는 미래의 역사가 그들의 사회적 계획의 선전과 실천적 실행으로 귀결된다

Bei der Ausarbeitung ihrer Pläne sind sie sich bewußt, daß sie sich in erster Linie um die Interessen der Arbeiterklasse kümmern

계획을 수립할 때 그들은 주로 노동계급의 이해관계를 돌보는 것을 의식한다

Nur unter dem Gesichtspunkt, die leidendste Klasse zu sein, existiert das Proletariat für sie

가장 고통받는 계급이라는 관점에서만 프롤레타리아트는 그들을 위해 존재한다

Der unentwickelte Zustand des Klassenkampfes und ihre eigene Umgebung prägen ihre Meinungen

계급투쟁의 미발전 상태와 그들 자신의 환경은 그들의 의견에 영향을 미친다

Sozialisten dieser Art halten sich allen Klassengegensätzen weit überlegen

이런 종류의 사회주의자들은 자신들이 모든 계급적 적대보다 훨씬 우월하다고 생각한다

Sie wollen die Lage jedes Mitglieds der Gesellschaft verbessern, auch die der Begünstigten

그들은 사회의 모든 구성원, 심지어 가장 특혜를 받는 사람들의 상태를 개선하기를 원합니다

Daher appellieren sie gewöhnlich an die Gesellschaft als Ganzes, ohne Unterschied der Klasse

따라서 그들은 계급의 구별 없이 습관적으로 사회 전반에 호소합니다

Ja, sie appellieren an die Gesellschaft als Ganzes, indem sie die herrschende Klasse bevorzugen

아니, 그들은 지배 계급에 대한 선호로 사회 전체에 호소한다

Für sie ist alles, was es braucht, dass andere ihr System verstehen

그들에게 필요한 것은 다른 사람들이 그들의 시스템을 이해하는 것뿐입니다

Denn wie können die Menschen nicht erkennen, dass der bestmögliche Plan für den bestmöglichen Zustand der Gesellschaft ist?

왜냐하면, 가능한 최선의 계획이 사회의 최상의 상태를 위한 것임을 사람들이 어떻게 깨닫지 못할 수 있겠는가?

Daher lehnen sie jede politische und vor allem jede revolutionäre Aktion ab

따라서 그들은 모든 정치적 행동, 특히 모든 혁명적 행동을 거부한다

Sie wollen ihre Ziele mit friedlichen Mitteln erreichen

그들은 평화적인 수단으로 목적을 달성하기를 원한다

Sie bemühen sich durch kleine Experimente, die notwendigerweise zum Scheitern verurteilt sind

그들은 필연적으로 실패할 운명에 처한 작은 실험들을 통해 노력한다

und durch die Kraft des Beispiels versuchen sie, den Weg für das neue soziale Evangelium zu ebnen

그리고 그들은 모범의 힘으로 새로운 사회 복음을 위한 길을 닦으려고 노력한다

Welch phantastische Bilder von der zukünftigen Gesellschaft, gemalt in einer Zeit, in der sich das Proletariat noch in einem sehr unterentwickelten Zustand befindet

프롤레타리아트가 아직 매우 발전되지 않은 상태에 있는 시기에 그려진 미래 사회에 대한 이러한 환상적인 그림들

und sie hat immer noch nur eine phantastische Vorstellung von ihrer eigenen Stellung

그리고 그것은 여전히 자신의 위치에 대한 환상적 개념만을
가지고 있다

**aber ihre ersten instinktiven Sehnsüchte entsprechen den
Sehnsüchten des Proletariats**

그러나 그들의 첫 번째 본능적 갈망은 프롤레타리아트의 갈망과
상응한다

**Beide sehnen sich nach einem allgemeinen Umbau der
Gesellschaft**

두 사람 모두 사회의 전반적인 재건을 갈망한다

**Aber diese sozialistischen und kommunistischen
Veröffentlichungen enthalten auch ein kritisches Element**

그러나 이러한 사회주의 및 공산주의 출판물에는 중요한 요소도
포함되어 있습니다

Sie greifen jedes Prinzip der bestehenden Gesellschaft an

그들은 기존 사회의 모든 원칙을 공격합니다

**Daher sind sie voll von den wertvollsten Materialien für die
Aufklärung der Arbeiterklasse**

따라서 그들은 노동계급의 계몽을 위한 가장 가치 있는
자료들로 가득 차 있다

**Sie schlagen die Abschaffung der Unterscheidung zwischen
Stadt und Land und der Familie vor**

그들은 도시와 시골, 그리고 가족 사이의 구별을 폐지할 것을
제안한다

**die Abschaffung des Gewerbetreibens für Rechnung von
Privatpersonen**

개인 계정을 위한 산업 수행의 폐지

**und die Abschaffung des Lohnsystems und die
Proklamation des sozialen Friedens**

임금 제도의 폐지와 사회적 화합의 선포

**die Verwandlung der Funktionen des Staates in eine bloße
Aufsicht über die Produktion**

국가의 기능을 단순한 생산 감독으로 전환하는 것

Alle diese Vorschläge deuten einzig und allein auf das Verschwinden der Klassengegensätze hin

이 모든 제안들은 오로지 계급 적대감의 소멸만을 가리킨다

Klassengegensätze waren damals gerade erst im Entstehen begriffen

그 당시에는 계급 적대감이 막 생겨나고 있었다

In diesen Veröffentlichungen werden diese Klassengegensätze nur in ihren frühesten, undeutlichen und unbestimmten Formen anerkannt

이 출판물들에서 이러한 계급적 적대감은 가장 초기의 불분명하고 불분명한 형태로만 인식된다

Diese Vorschläge haben also rein utopischen Charakter

그러므로 이러한 제안들은 순전히 유토피아적 성격을 띤다

Die Bedeutung des kritisch-utopischen Sozialismus und des Kommunismus steht in einem umgekehrten Verhältnis zur historischen Entwicklung

비판적 유토피아적 사회주의와 공산주의의 의의는 역사적 발전과 반비례한다

Der moderne Klassenkampf wird sich entwickeln und weiter konkrete Gestalt annehmen

현대의 계급투쟁은 발전할 것이고 계속해서 분명한 형태를 취할 것이다

Dieses fantastische Ansehen des Wettbewerbs wird jeden praktischen Wert verlieren

콘테스트에서 이 환상적인 순위는 모든 실용적인 가치를 잃게 될 것입니다

Diese phantastischen Angriffe auf die Klassengegensätze verlieren jede theoretische Rechtfertigung

계급 적대에 대한 이러한 환상적인 공격은 모든 이론적 정당성을 잃게 될 것이다

Die Urheber dieser Systeme waren in vielerlei Hinsicht revolutionär

이 제도의 창시자들은 여러 면에서 혁명적이었다

Aber ihre Jünger haben in jedem Fall bloße reaktionäre Sekten gebildet

그러나 그들의 제자들은 모든 경우에 있어서 단지 반동적인 분파들을 형성하였다

Sie halten an den ursprünglichen Ansichten ihrer Meister fest

그들은 주인의 본래 견해를 굳게 고수한다

Aber diese Anschauungen stehen im Gegensatz zur fortschreitenden geschichtlichen Entwicklung des Proletariats

그러나 이러한 견해들은 프롤레타리아트의 진보적인 역사적 발전에 반대되는 것이다

Sie bemühen sich daher, und zwar konsequent, den Klassenkampf abzustumpfen

그러므로, 그들은 계급투쟁을 무력화시키려고 노력하며, 그것도 일관되게 그렇게 한다

Und sie bemühen sich konsequent, die Klassengegensätze zu versöhnen

그리고 그들은 계급적 적대감을 조화시키려고 끊임없이 노력한다

Noch träumen sie von der experimentellen Umsetzung ihrer gesellschaftlichen Utopien

그들은 여전히 사회적 유토피아의 실험적 실현을 꿈꾼다

sie träumen immer noch davon, isolierte "Phalanster" zu gründen und "Heimatkolonien" zu gründen

그들은 여전히 고립된 "팔란스테레스"를 세우고 "고향 식민지"를 건설하는 꿈을 꾸고 있습니다

sie träumen davon, eine "Kleine Ikaria" zu errichten – Duodecimo-Ausgaben des Neuen Jerusalem

그들은 "작은 이카리아", 즉 새 예루살렘의 십이지장판을 세우는 꿈을 꾸고 있다

Und sie träumen davon, all diese Luftschlösser zu verwirklichen

그리고 그들은 공중에 떠 있는 이 모든 성을 실현하는 꿈을 꿉니다

Sie sind gezwungen, an die Gefühle und den Geldbeutel der Bourgeoisie zu appellieren

그들은 부르주아지의 감정과 지갑에 호소할 수밖에 없다

Nach und nach sinken sie in die Kategorie der oben dargestellten reaktionären konservativen Sozialisten

정도에 따라 그들은 위에서 묘사한 반동적인 보수적 사회주의자들의 범주에 속한다

sie unterscheiden sich von diesen nur durch systematischere Pedanterie

그들은 더 체계적인 현학에 의해서만 이들과 다르다

und sie unterscheiden sich durch ihren fanatischen und abergläubischen Glauben an die Wunderwirkungen ihrer Sozialwissenschaft

그리고 그들은 그들의 사회 과학의 기적적인 효과에 대한 광신적이고 미신적인 믿음에 있어서 다르다

Sie widersetzen sich daher gewaltsam jeder politischen Aktion der Arbeiterklasse

따라서 그들은 노동계급의 모든 정치적 행동에 격렬하게 반대한다

ein solches Handeln kann ihrer Meinung nach nur aus blindem Unglauben an das neue Evangelium resultieren

그들에 따르면, 그러한 행동은 새로운 복음에 대한 맹목적인 불신에서 비롯될 수밖에 없다

Die Owenisten in England und die Fourieristen in Frankreich stehen den Chartisten und den "Réformisten" entgegen

영국의 오웬파와 프랑스의 푸리에주의자들은 각각 차티스트와 "레포르미스트"에 반대한다

Stellung der Kommunisten zu den verschiedenen bestehenden Oppositionsparteien
기존의 다양한 반대 정당들에 대한 공산주의자들의 입장

Abschnitt II hat die Beziehungen der Kommunisten zu den bestehenden Arbeiterparteien deutlich gemacht
제2부는 공산주의자들과 기존 노동계급 정당들의 관계를 명백히 했다

wie die Chartisten in England und die Agrarreformer in Amerika
영국의 차티스트(Chartists)와 미국의 농업 개혁가들(Agriarian Reformers)과 같은 사람들

Die Kommunisten kämpfen für die Erreichung der unmittelbaren Ziele
공산주의자들은 당면한 목표의 달성을 위해 싸운다

Sie kämpfen für die Durchsetzung der momentanen Interessen der Arbeiterklasse
그들은 노동계급의 순간적 이해관계의 관철을 위해 투쟁한다

Aber in der politischen Bewegung der Gegenwart repräsentieren und kümmern sie sich auch um die Zukunft dieser Bewegung
그러나 현재의 정치 운동에서 그들은 또한 그 운동의 미래를 대표하고 돌본다

In Frankreich verbünden sich die Kommunisten mit den Sozialdemokraten
프랑스에서 공산주의자들은 사회민주당과 동맹을 맺었다

und sie positionieren sich gegen die konservative und radikale Bourgeoisie
그리고 그들은 보수적이고 급진적인 부르주아지에 대항하여 스스로를 위치시킨다

sie behalten sich jedoch das Recht vor, eine kritische Position gegenüber Phrasen und Illusionen einzunehmen, die traditionell aus der großen Revolution überliefert sind

그러나 그들은 전통적으로 대혁명으로부터 전해져 내려온
문구와 환상에 대해 비판적인 입장을 취할 권리가 있다

**In der Schweiz unterstützt man die Radikalen, ohne dabei
aus den Augen zu verlieren, dass diese Partei aus
antagonistischen Elementen besteht**

스위스에서 그들은 급진당을 지지하지만, 이 당이 적대적인
요소들로 구성되어 있다는 사실을 잊지 않는다

**teils von demokratischen Sozialisten im französischen
Sinne, teils von radikaler Bourgeoisie**

부분적으로는 민주적 사회주의자들, 프랑스적 의미에서는
부분적으로는 급진적 부르주아지

**In Polen unterstützen sie die Partei, die auf einer
Agrarrevolution als Hauptbedingung für die nationale
Emanzipation beharrt**

폴란드에서 그들은 민족해방의 최우선 조건으로 농업혁명을
주장하는 정당을 지지한다

**jene Partei, die 1846 den Krakauer Aufstand angezettelt
hatte**

1846년 크라쿠프의 반란을 조장한 그 정당

**In Deutschland kämpft man mit der Bourgeoisie, wenn sie
revolutionär handelt**

독일에서 그들은 부르주아지가 혁명적으로 행동할 때마다
그들과 싸운다

**gegen die absolute Monarchie, das feudale Eichhörnchen
und das Kleinbourgeoisie**

절대왕정, 봉건적 지주, 소부르주아지에 대항하여

**Aber sie hören nicht auf, der Arbeiterklasse auch nur einen
Augenblick lang eine bestimmte Idee einzuflößen**

그러나 그들은 단 한 순간도 노동계급에게 하나의 특정한
사상을 주입하는 것을 결코 멈추지 않는다

**die klarste Erkenntnis des feindlichen Antagonismus
zwischen Bourgeoisie und Proletariat**

부르주아지와 프롤레타리아트 사이의 적대적 적대감에 대한
가장 분명한 인식

**damit die deutschen Arbeiter sofort von den ihnen zur
Verfügung stehenden Waffen Gebrauch machen können**
독일 노동자들이 무기를 마음대로 사용할 수 있도록

**die sozialen und politischen Bedingungen, die die
Bourgeoisie mit ihrer Herrschaft notwendigerweise
einführen muss**
부르주아지가 자신의 우월성과 함께 필연적으로 도입해야 하는
사회적, 정치적 조건들

**der Sturz der reaktionären Klassen in Deutschland ist
unvermeidlich**
독일에서 반동계급의 몰락은 불가피하다

**und dann kann der Kampf gegen die Bourgeoisie selbst
sofort beginnen**
그러면 부르주아지 자체에 대한 투쟁이 즉시 시작될 수 있다

**Die Kommunisten richten ihre Aufmerksamkeit
hauptsächlich auf Deutschland, weil dieses Land am
Vorabend einer Bourgeoisie Revolution steht**
공산주의자들은 주로 독일로 관심을 돌리는데, 그 이유는
독일이 부르주아 혁명의 전야에 있기 때문이다

**eine Revolution, die unter den fortgeschritteneren
Bedingungen der europäischen Zivilisation durchgeführt
werden muss**
유럽 문명의 보다 발전된 조건 하에서 수행될 수밖에 없는 혁명

**Und sie wird mit einem viel weiter entwickelten Proletariat
durchgeführt werden**
그리고 그것은 훨씬 더 발전된 프롤레타리아트와 함께 수행될
수밖에 없다

**ein Proletariat, das weiter fortgeschritten war als das
Englands im 17. und Frankreichs im 18. Jahrhundert**
17세기에는 영국보다 더 진보한 프롤레타리아트가 있었고,
18세기에는 프랑스가 있었다

und weil die Bourgeoisie Revolution in Deutschland nur das Vorspiel zu einer unmittelbar folgenden proletarischen Revolution sein wird

독일에서의 부르주아 혁명은 바로 뒤따르는 프롤레타리아 혁명의 전주곡에 불과할 것이기 때문이다

Kurz gesagt, die Kommunisten unterstützen überall jede revolutionäre Bewegung gegen die bestehende soziale und politische Ordnung der Dinge

요컨대, 공산주의자들은 도처에서 현존하는 사회적, 정치적 질서에 대항하는 모든 혁명적 운동을 지지한다

In all diesen Bewegungen rücken sie als Leitfrage die Eigentumsfrage in den Vordergrund

이 모든 운동들에서 그들은 각각의 주요 문제로서 소유 문제를 전면에 내세운다

unabhängig davon, wie hoch der Entwicklungsstand in diesem Land zu diesem Zeitpunkt ist

당시 그 나라의 발전 정도가 어떻든 상관 없습니다

Schließlich setzen sie sich überall für die Vereinigung und Zustimmung der demokratischen Parteien aller Länder ein

마지막으로, 그들은 모든 나라의 민주주의 정당들의 연합과 합의를 위해 도처에서 일한다

Die Kommunisten verschmähen es, ihre Ansichten und Ziele zu verheimlichen

공산주의자들은 자기들의 견해와 목표를 감추는 것을 경멸한다

Sie erklären offen, dass ihre Ziele nur durch den gewaltsamen Umsturz aller bestehenden gesellschaftlichen Verhältnisse erreicht werden können

그들은 자기들의 목적이 현존하는 모든 사회적 조건들을 강제적으로 전복시킴으로써만 달성될 수 있다고 공공연히 선언한다

Mögen die herrschenden Klassen vor einer kommunistischen Revolution zittern

지배계급이 공산주의 혁명에 떨게 하라

Die Proletarier haben nichts zu verlieren als ihre Ketten

프롤레타리아는 쇠사슬 외에는 잃을 것이 없다

Sie haben eine Welt zu gewinnen

그들에게는 이겨야 할 세계가 있습니다

ARBEITER ALLER LÄNDER, VEREINIGT EUCH!

각국의 노동자 여러분, 단결하라!

www.ingramcontent.com/pod-product-compliance
Lightning Source LLC
Chambersburg PA
CBHW011736020426
42333CB00024B/2909